政権交代

小沢一郎　最後の戦い

板垣英憲

Eiken Itagaki

共栄書房

政権交代——小沢一郎　最後の戦い◆目次

はじめに――最後の戦い……9

第1章　受け継がれた政治家の血……14

第2章　果てしなき権力闘争……45

第3章　一龍戦争の熾烈……75

第4章　政治改革に賭けた剛腕……102

第7章　小泉・安倍VS小沢……164

第8章　小沢一郎と憲法改正問題……183

第9章　「日本一新」の戦略と戦術……202

はじめに――最後の戦い

「よりよい明日のために、かけがえのない子供たちのために、私自身を、そして民主党を改革しなければならないのです。まず、私自身が変わります。そして、皆様に支えていただきながら、民主党を改革し、そして日本を改革しようではありませんか。私はこの戦いに政治生命のすべてをつぎ込み、ひたすら目標に邁進し続けることをお約束いたします」

民主党の小沢一郎代表は平成十八（二〇〇六）年四月七日に行われた「代表選挙」で、こう政見演説して、第六代代表に選ばれた。民主党の国会議員ばかりでなく、テレビを見ていた国民は、小沢が、青春時代に見た映画『山猫』のクライマックスの台詞を引き合いに出して、「まず、私が変わらなければならない」と発言したことに、驚き、感銘を受けたのである。

「イタリア統一革命に身を投じた甥を支援している名門公爵に、ある人が『あなたのような方がなぜ革命軍を支援するのですか』とたずねました。バート・ランカスターの演じる老貴族は静かに答えました。『変わらずに生き残るためには、自ら変わらなければならない（We must change to remain to the same)』。確かに人類の歴史上、長期にわたって生き残った国は、例外なく自己改革の努力を続けました。そうなのだと思います。皆様のご理解とご支援をお願い申し上げます」

小沢率いる自由党と菅直人代表の民主党が、平成十五（二〇〇三）年九月二十四日、合併協議書に調印してから、二年七か月にして小沢は「代表」に就任することができた。この日を境に、小沢は「政権奪取」を目指して、政治家として「最後の大勝負」に打って出たのである。

小沢は、政権奪取の戦略を以下のように組み立てていた。

①平成十九（二〇〇七）年四月の統一地方選挙で「党勢拡大」を図り、足腰となる組織力を強める。

②平成十九（二〇〇七）年七月の参議院議員選挙で与野党逆転を図り、参議院での法案成立を阻み、政権運営を無力化する。

③次期総選挙で民主党の過半数獲得を図る（衆議院議員の任期は、平成十七年九月から平成二十一年九月まで）。

小沢は平成十五（二〇〇三）年七月二十三日、自由党本部で行った記者会見で、民主党との合併に合意したと発表した際、

「目標、ただ一点、政権交代を図る」

と言明していた。政権奪取には、「選挙に勝つ」しかない。勝負師・小沢の頭のなかは、「選

挙」でいっぱいだった。

しかし、民主党は小沢の個人商店であった自由党とは違う。所属の国会議員や支持団体、党員党友の思想、信条、政策も一様ではない。大軍団を率いる代表として、強力なリーダーシップを発揮しなくてはならない。とはいえ、それまでの「剛腕」ばかりでは、通用しない。独裁者ではないからである。これだけでも、小沢は「変わること」を求められていた。

だが、小沢は自民党時代からまったく「変わらないまま」だったのかと言えば、そうではなかった。

実は、小沢が「私自身が変わります」と言って、映画「山猫」のクライマックスの台詞を引用したのは、代表選挙の政見演説が初めてではなかった。平成五（一九九三）年六月二十三日に自民党を離脱する以前から、「山猫」を持ち出しては、「私自身が変わります」と発言してきた。

振り返ってみると、小沢は、政治家となってから、これまでに「三度の脱皮」を重ねて、大政治家への道を歩んできた。

一度目は、竹下登が昭和六十（一九八五）年一月二十七日、創政会を発足させて、二月七日、四十人で初会合をしたときである。小沢も、恩師・田中角栄と袂を分かって、参加している。「政治の父」からのいわば「父離れ」であった。

二度目は、平成五（一九九三）年六月二十三日の自民党から四十四人で離脱して「新生党」

を立ち上げたときである。

三度目が、「民主党代表」に就任してからの「脱皮」である。民主党政権を樹立したとき、小沢は完全に脱皮して、見事に「蝶」となり、大きく羽ばたいていくのだろうか。いまは、そのプロセスにある。

こうして見ると、小沢は世評よく言われるような単なる「壊し屋」ではない。これは「変わることを拒む抵抗勢力」が押した烙印である。一方、「小沢は何も変えていない」という論評は、「急激な変化」を求める過激派の不満を表したものである。過激派の目には、遅々としているように映っているのであろう。

しかし、これら二つの見方はいずれも、小沢の真実からは、ほど遠い。小沢は、「二大政党政治の実現」という明確な目標を掲げて、「権力の腐敗防止」を目的とする「政権交代」ができる政治風土を日本に根付かせようとしている。これは金権腐敗政治の権化のような田中角栄、竹下登、金丸信の三人に育てられ、薫陶を受けてきた小沢なればこそ、実現可能なことである。そのためには、金権政治の裏も表も知り尽くしており、この泥沼に「蓮の花」を咲かそうとしているのである。小沢自身がまさに田中角栄、竹下登、金丸信の三人と決別して、「変わらねばならなかった」のである。

さて、小沢が三度目の「脱皮」に成功するか否かは、小沢の政治活動のなかで、判定していかなければならない。そして、政権奪取に成功するかどうかは、小沢率いる「大軍団・民主党」が選挙戦をどう戦い、国民の支持を得ていくかにかかっている。そのためには、民主党自身が「政権担当能力」を高めていくしかない。これらの条件が整ったとき、民主党は自民党に代わり得る、名実ともに大政党になる。その意味で、小沢の責任は重い。

本書は、小沢一郎のこれまでの軌跡をたどりながら、小沢は本当に「変わりつつあるのか」を明らかにする。そのうえで、小沢率いる民主党が、果たして「政権交代」に成功するかどうかを予測する。

平成十九年六月十一日

板垣英憲

第1章　受け継がれた政治家の血

●代議士の長男として生まれる

小沢一郎は昭和十七（一九四二）年五月二十四日、東京市下谷区（現・東京都台東区御徒町）で父・佐重喜《さえき》、母・みちの長男として生まれた。父は、岩手県水沢市（現・奥州市水沢区）出身の衆議院議員（代議士）で、母は、千葉県の名家の出であった。

小沢が生まれたとき、父は「一」と名付けた。自分の名前が読み難かったからだ。簡単な名前にしようという理由からだった。それを出生届けに行った母とおばが、

「一では可哀そう」

と言って「郎」を付け足したのだそうである。

政治家の家では、子供を跡継ぎとして政界に出馬させるときのことを考え、有権者に名前を書いてもらいやすくする目的でわざわざ簡単な名前をつける人がいるけれど、佐重喜は「一」と命名しようとしたとき、小沢をゆくゆくは選挙に出させて、後継者としようとまでは、はじめは意識してはいなかったようだ。つまり、生まれたときから、小沢が将来、政治家になることが予定されていたわけではなかったということである。

●父は立志伝中の人物

佐重喜は明治三十一（一八九八）年に岩手県水沢市袋町で生まれた。家は、貧しい農家だった。封建的な側面から見ても、また、資本主義社会で仰ぎ見られるブルジョア的角度から見ても、家柄は感嘆に値するようなものでは、決してない。それが、東北において大きな政治的影響力をふるう現代の名家に上昇できたのは、ひとえに佐重喜の勤勉と努力にあった。

佐重喜は小学校五年生を終わり、十二歳にして仙台の鍛冶屋に住み込み奉公に出された。だが、勉学の志が強く、青雲の志を抱き、覚悟して家出し、郷里・岩手県水沢市から線路沿いに歩いて上京、新聞配達や人力車夫をしながら旧制の夜間中学に通い、苦学して日本大学法学部の夜間部を卒業した。さらに日本大学夜間部を出て、まさに奇跡的に弁護士試験（現在の司法試験）に合格して弁護士になった。後に政治家を目指して「学問したい人間に学問ができる社会をつくりたい」と公約して、若くして下谷の区会議員に出馬して落選したものの、東京市会議員には当選した。戦後、四十九歳のとき衆議院選挙に出馬して初当選して以来、国政に参与した立志伝中の人物であった。

●三歳から水沢市で過ごす

小沢が生まれた東京・下町の上野の山には、明治維新の立役者・西郷隆盛の銅像が立っているが、そのまま下町で育っていたなら、生粋の江戸っ子になっているところだった。

ところが、大東亜戦争が激しくなり、小沢家は父の郷里・岩手県水沢市に疎開した。しかも父がここを地盤（選挙区）にして、戦後、中央政界に打って出ることになった。小沢は三歳のときから水沢市で過ごした。東北というい わば田舎育ちである。

水沢市は、奥羽山脈と北上山地を両サイドに望む美しい北上川沿いの静かな美しい町である。この町からは、幕末の蘭学者で幕府の弾圧に遇った高野長英や、地理学者の箕作省吾、東京市長を務め関東大震災の後の東京復興に尽力した後藤新平、二・二六事件で殺された斉藤実（内大臣）といった人物を輩出している。

●無口な子供

とくに地方から東京に出ている政治家の家では、選挙区と東京との二重の生活をしている人が少なくない。小沢の家も同様だった。父親は、選挙のときや何かの行事に出席しなければならないときだけ、郷里に帰ってくる程度で、母親が選挙区を守っているケースが多い。子供を選挙区に置いて、東京に出かけることも珍しくないのである。つまり、東京と選挙区を行ったり来たりしている。

このため、小沢も、幼少のころの大半は、両親とは別居の生活を余儀なくされたので、母親代わりの女性に世話をしてもらった。どちらかといえば、物静かで、成績は良かったものの、小学校でもあまり目立つ子供ではなかった。もちろん餓鬼大将というものからは、ほど遠かった。だから、郷里の学友たちや恩師、知人たちからは、

「性格は大人しく、無口な子供」

という印象を持たれ続けていた。両親が東京に行っていることが多いせいか、外目にはさみしそうに見えたようだった。

それでも小沢は、不思議な魅力のある子供だった。大人しい割には、周りに友人たちが、自然に集まってきたのである。黙っていても何故か人を寄せつけてしまう。どこか西郷隆盛のような雰囲気を、子供ながらに持ち合わせていたのかも知れない。両親が不在のさみしさを、友人たちが知らず知らずのうちに慰めてくれ、小沢は、それを快く受け入れていたようである。

もちろん、子供時代にはよくあることだが、大人しい小沢をいじめる子供もいた。政治家の子供であることをからかわれたりもしたそうである。

政治家の家の子供だから、何不自由なく平穏に暮らしていると羨望のまなざしで見られたとしても、不思議はなかった。

●最初の挫折

父・佐重喜にとって、小沢家を盛り上げる武器になったのが、弁護士という、一度取得すれば終身資格となる国家資格だった。それをテコにして、父は、政治力を蓄えることができた。父は、一人息子の一郎が、東大法学部を卒業して、高級官僚か、弁護士の道を歩み、ゆくゆくは、自分の後継者として政治家になってくれることを密かに願っていた。

学歴社会で生き抜くために父は日本大学の夜学を卒業して弁護士になった。だが、政界にいて、東大法学部出身者が牛耳っている中央省庁の高級官僚たちの権勢を見るにつけ、

「せめて我が子は東大法学部に入れたい」

と願うのは当然だった。

小沢は水沢市から東京に出てきて、東京教育大学付属中学校を受験した。現在の筑波大学付属中学校である。この学校に入れば、高校までエスカレーターで進学できる。しかも、この学校は、東大合格者を毎年多数出す進学校として有名だった。

しかし、小沢は、この受験に見事に失敗したのである。岩手の小都市において、当時は、現在のように進学塾が盛んではなく、田舎育ちの少年には、難問に答えられるような学力はな

かった。仕方なく、地元の中学校に通うことになった。

一見すると、順風満帆の生活で何事もなく見えた小沢が人生で初めて味わわされた挫折であった。中学受験の際に失敗した場合、子供は、その挫折感のあまりガックリしてぐれてしまう者と、反対に、「コンチクショー」と思い、それをバネにして勉強に励み、大きく伸びていく者というふうに、両極端に分かれるケースがある。小沢の場合は、後者だった。

地元の中学校で、小沢は、グングン成績を伸ばし、いつもトップクラスを走っていた。スポーツでは万能選手だった。

その勢いは、高校受験のときに大きな成果となって表れた。

「高校は東京の学校で」

と心に決め、中学二年（十四歳）のとき、東京都文京区立第六中学校に転校した。再度の上京受験で、中学受験のときの雪辱を晴らすためだった。

●「六〇年安保闘争」のなか、父の姿に心を打たれる

懸命の努力の結果、東京都立小石川高校に合格したのである。当時の都立小石川高校は、日比谷高校などと並んで、東大の合格者が多く、有名進学高校だった。

高校時代の小沢は、東大の文科一類の受験を目指して勉強をはじめた。スポーツにも情熱を傾けた。柔道と相撲はとくに強かった。

だが、小沢が、都立小石川高校の三年生だったころ、世の中は「六〇年安保闘争」で騒然となった。安保条約の改定をめぐり、国会は、連日デモ隊に取り巻かれた。国会突入を図ったデモ隊のなかからは、負傷者だけでなく東大生だった樺美智子さんのような死者まで出た。友人のなかには、安保反対を叫ぶ者もいた。

小沢の父は、昭和三十五（一九六〇）年二月、岸信介政権の下で衆議院日米安全保障条約等特別委員会の委員長を務め、日米安保条約改定のために体を張って日夜、駆けずり回わり、忠実に役目を果たしていた。そのころ小沢の家は、東京の湯島天神のすぐわきにあり、警察から「小沢委員長の家にデモ隊が押し寄せてくる」という情報が入り、一家は都内のホテルに一時、避難したという。

こうした緊張感が漂うなかで、小沢は、日本の将来や子孫のために心血を注いでいる父の姿に心を打たれた。小沢は、防衛問題を考えるようになった。このころから政治というものに関心を持つようになり始めていた。それだけ「六〇年安保闘争」から受けた衝撃は大きかったのである。

●アメリカが岸信介と交わした「日本の再軍備」の密約

「日本の再軍備」を目的とした「憲法第九条の改正」という使命を託したのは、アメリカであった。託されたのは、岸信介＝現総理大臣安倍晋三の祖父である。岸は、商工省（現在の通産省）の高級官僚出身で、大東亜戦争を指導した東条英機内閣の商工大臣を務め、戦後、戦犯として巣鴨刑務所に囚われ、あわや絞首刑に処せられるところだった。

ところが、米ソ冷戦が始まり、日本の防衛に危機感を募らせたアメリカは、岸に対して「日本の再軍備」に力を尽くすならば、巣鴨刑務所から釈放させると再三にわたり提案してきたという。このころアメリカはすでに日本国憲法を日本に与えて制定のうえ公布、施行させていたので、「日本の再軍備」には、「憲法改正手続き」を取らなければならなかった。このため岸は、「憲法第九条を改正して再軍備する」と密約し、これとの交換条件の下で釈放されたといわれている。

岸は、政界入りして、密約を果たすため全力を上げた。まず昭和二十九（一九五四）年三月十二日、当時の自由党のなかに「憲法調査会」を発足させ、同年十一月五日には、憲法改正案要綱を発表している。これがキッカケとなり、保守派の改憲論議が活発化する。しかし、日本国憲法は、「硬性憲法」であり、改正を難しくしている。

このため、岸は、「憲法改正」には、「選挙制度の改正」、すなわち「小選挙区制度の導入」が不可欠だと考えた。

小選挙区制度によって選挙を行うと、特定の大政党が圧倒的多数を獲得して政権を樹立する可能性がでてくる。場合によっては、過半数をはるかに突破して「総議員の三分の二以上」を得ることができる。日本国憲法の改正の近道はこれしかない。この作業の任に当てられたのが、父・佐重喜であった。

●父は藤山愛一郎のために働く

小沢佐重喜は、吉田政権を離れてから、どこへ行くかを悩んだ。宏池会に行くのも一つの選択だった。しかし、吉田政権の建設大臣や運輸大臣を務めた立場では、政治家として後輩である佐藤栄作や池田勇人らの下へ身を寄せるのは、プライドが許さなかった。しかも、「官僚政治家が威張っているところへ行けるか」という気持ちがあった。

そこで身を寄せたのが、岸政権で外相を務めていた藤山愛一郎のところであった。佐重喜は、岸信介とは大して親しくなかったが、岸政権時代、衆議院安保特別委員長に就任した。岸首相のために働くというよりは、藤山のために尽力するという気持ちが強かったという。

しかし、岸が自分の政権下で行えたのは、日米安保条約の改定止まりで、これが精一杯だった。選挙制度の改正までは手が回らなかった。

●「戦争を知らない世代」

小沢は、生まれて間もない日本国憲法の下で、民主主義教育を受けた。米国から押しつけられた憲法とはいえ、基本的人権を保障し、民主主義に立脚しているうえに徹底した国際平和主義を謳い上げた最高の内容が盛り込まれている。

終戦のときまだ三歳だったから、小沢を戦中派に含めるのは、似つかわしくない。戦後生まれの「戦争を知らない世代」に含めた方が、むしろ正しい。

しかし、小沢が、戦争を体験した「戦中派」であるか、「戦争を知らない世代」であるかを確定することは、小沢の政治的思想や政治的思考方法を知るうえで、実は極めて大事なポイントである。この点は、小沢の人格と思想の形成の基本パターンにも強い影響を与えていると見られるからである。

小沢が、戦争を体験した世代からみて、防衛問題について大胆不敵で危なっかしさを感じる部分が現在あるとしたら、その原因の一つは、まず世代の違いに求められる。

戦争を体験した世代のなかには、防衛問題について、慎重な態度を取る人が少なくない。戦争を知らない世代は、観念で戦争の悲惨さは理解できても、本当の怖さを知らないから、防衛問題に取り組むとき、大胆な発想をする傾向があると言われている。

たとえば、自衛隊の幹部を例に取るなら、軍国主義時代に教育を受け、陸軍士官学校や海軍兵学校を出た幹部は、戦争に対してのアレルギーを持っている人が多かった。これに対して防衛大学校出身者は、案外に戦争の恐ろしさを感じていない人が少なくないと言われている。同じ防衛問題でも世代が変われば、考え方が様変わりするのである。こうした危惧から、自衛隊内部においてさえ、「旧軍出身者が現職の間は、自衛隊は大丈夫だが、防衛大学校出身者が中心になったときは、怖い」と囁かれてきた。

平和憲法の下で育った小沢が、防衛問題で暴走族的な発想をするはずはもちろんない。しかし、大正世代や昭和初期生まれの世代の人々とは違い、防衛大学校出身者に共通する発想の仕方があるのは事実だ。

戦争を放棄した憲法に拘束されたなかで、防衛問題についてしっかりした思想と理念を確立し、それに基づいて確信を持って行動しようとすることは、これまでの日本では大変なことだったのだ。

●東京大学と京都大学に挑戦し失敗する

小沢は東京大学受験にも失敗した。二度目の挫折である。一年浪人した後、再度東大受験を目指したが、自信がなく、一ランク落として、京都大学に挑戦した。ところが、これも失敗したのである。

「東大も京大も受からなかったのは、歴史小説を読みすぎたためだった」

と言うほど、浪人時代も歴史小説に没頭していた。これでは、勉強どころではない。まして五教科七科目受験の国立大学に合格できるはずはなかった。

いつの時代でもそうなのだが、人物というものは、時代の要請によって生まれるものである。またその人物は、生まれて幼少時代に駆け巡った土地の風土と時代そのものによって育まれる。

親兄弟、恩師、先輩や友人たち、郷土が生んだ偉人、傑人、あるいは歴史上の人物からの影響を受ける場合も少なくない。

小沢が幼少時代を過ごした水沢市は、明治維新のとき西郷隆盛率いる官軍に制圧され「賊軍の地」と蔑まれた東北の地の一角でありながら、高野長英に代表されるような開明的な人物を生み出す風土があり、明治維新の志士に通じている部分が、間違いなくありそうである。これらの人物に関する歴史物語を周囲の人々の口から聞かされ、人物伝などを読むうちに、歴史小説に熱中するようになった。

水沢市が生んだ高野長英の「開明」と、鹿児島が輩出した英傑・西郷隆盛が軍事力によって切り開いた「文明開花」とが、歴史小説の世界のなかで、時空を超えて一つにつながっていた。

小沢は、歴史小説の世界にどっぷり漬かっているうちに、西郷をはじめ明治維新の志士や元勲たちと自らを同化させて行った。そのなかで、小沢はとくに西郷隆盛に傾倒して行った。

●弁護士を目指して法律の勉強をする

三科目受験の私学の雄である早稲田大学と慶応大学に合格し、慶応大学を選んだ。そのとき、小沢の東大合格を期待していた父は、ガッカリしたようだった。その父の心を知っているだけに、父の希望に応えられなかったことに、小沢は悔しさとともにすまなさを感じた。

昭和三十七（一九六二）年四月、小沢は、慶応大学経済学部に進学した。同窓生に将来「政敵」、となる橋本龍太郎（後の首相）がいた。橋本はすでに卒業しており、このときから大学の先輩、後輩の関係になった。その橋本は小沢が入学した年の十一月二十一日、吉田茂元首相の弟子で「総理大臣」を嘱望され、厚相などを歴任した父・龍伍を亡くし、後継者となるべく総選挙に備えて急遽、選挙運動に入った。

しかし、小沢はこのころ、まだ自分が政治家になろうとは夢にも思っていなかった。中学を地元から東京に転校させてまで東京の高校を受験させた母でさえ、

「息子を政治家にさせるつもりはありません」

と周辺の人々に断言していた。小沢にとって、政治家への道は、まだ近くて遠い存在だったのである。小沢は、

「父のもう一つの希望だけは何とか叶えなくてはいけない」

と思った。それは、国家試験のなかで最も難関と言われている司法試験に合格して、父と同じように弁護士になることだった。

しかし、経済学部にいて司法試験の勉強をするのは、大変な苦労がいる。それでも小沢は、法律の勉強に専念することにした。法学部学生なら、現役で合格を目指すのが普通だが、小沢にはハンディがあった。

昭和四十二（一九六七）年三月、慶応大学を卒業し、そのまま日本大学の大学院に入り、本腰を入れて法律を勉強することにしたのである。もともと法学部出身者でない小沢には、リー

ガルマインドを身につけることからの再出発だった。

ところが、父思いの息子にまた挫折が訪れた。翌年の司法試験受験に失敗したのだ。小沢にとって三度目の挫折である。

司法試験は、大学の教養課程を卒業している者は第一次の教養試験は免除になる。二次試験が難関である。この試験は、三段階になっていて、一つずつ関門をクリアしていかなくてはならない。第一関門は、択一式の短答式試験、第二関門は、論文式試験、第三関門は、口述試験である。受験科目は、第一関門が、憲法、民法、刑法の三科目、第二、第三の関門は、憲法、民法、刑法、商法、会社法が必須、民事訴訟法と刑事訴訟法のどちらか一方、それに一般科目の計七科目であった。大学院での勉強は、孤独との闘いだった。小沢は、孤独には慣れていた。

小沢は、第一関門は、難なくパスできたものの、第二関門で不合格となった。発表は、法務省の中庭で行われる。しかし、父はガッカリしなかった。司法試験を一発で合格するのが難しいことは、よく知っていた。大学受験と違って、司法試験の場合は、大抵の受験者が、二度、三度と挑戦して勉強するのが当たり前になっているからだ。

「来年も頑張れ」

と励ましてくれたのである。父の思いやりのある言葉に勇気づけられて、小沢は、一年後の試験を目指して、また机に向かった。法律書は、歴史書のような面白さはない。血湧き肉踊るストーリーがあるわけでもない。

しかし、憲法からはじまって、訴訟法まで、法律を基礎から頭に叩き込むことは、たとえ司法試験に合格できなくても無駄なことではない。憲法の法文と解釈を徹底して勉強したことは、後に大いに役に立つことになる。

憲法を勉強するとき、法学徒の誰もが、九条の規定と現実との乖離に悩む。法学徒同士の議論ともなれば、口角泡を飛ばすケンカ状態に発展するのは、珍しくなかった。小沢の九条をめぐる解釈改憲論の提唱の伏線が、このときの勉学のなかですでにできていたと見てよい。

安保条約の改定のとき、衆議院安保特別委員会の委員長として、国の進路を決める重大な地位にあって汗をかいた父の顔が、法文の間から時折浮かび上がってきて、思わず胸が熱くなるのを覚えた。勉学の合間、小沢は、父の晩酌の相手をし、父の偉大さをつくづく感じたりもしたのだった。

●亡父の遺志を受け継ぐ

小沢一郎は、「執拗さ」「しつこさ」を発揮して、これまで父の期待に懸命に何度も応えようとした。だが、それらをことごとく裏切ってしまった。小沢にとっては親不孝の極みである。「父の期待に応えられなかった」という悔いの念を抱き「この代償はどこかで埋め合わせしなければならない」と思い続けてきたのだろう。

ところが、小沢が司法試験に二度目の挑戦を目指して猛勉し、最後の仕上げにかかっていたその最中に、父は、体力の衰えから急に元気を失い、慈恵医大病院に入院した。だが、父の容体は、よくなることがなく、昭和四十三（一九六八）年五月八日未明、心不全のため六十九歳で他界してしまう。年齢的には、早い死だった。

司法試験を間近に控えてこの不幸に見舞われたのである。小沢には、

「今年こそは」

という自信があった。それだけに、父に成果を報告できなくなったことは、何と言っても口惜しかった。

「親孝行できなかった」

と悔やまれた。

父は、佐藤政権の下で衆議院の「公職選挙法改正特別委員長」の要職にあり、「小選挙区制度の導入問題」に政治生命を賭けていた。表向きには、「カネのかからない選挙」の実現を宿願としていたが、隠された意図として「日本国憲法の改正」の手段となる「小選挙区制度の実現」を目指していた。このため、「選挙制度の改正」は、岸信介の実弟である佐藤栄作が首相となって手がけることになった。岸は自らの手でやり遂げられなかった、「選挙制度の改正」を実弟に託していたのである。

●父の後援会から「後継者として立つべきだ」の声

父の死は、小沢の生き方をガラリと変える大きなキッカケとなった。

「司法試験の合格を果たさなければ、父に申し訳がない」

と言う小沢に対して、葬儀が終わるか終わらないうちから、

「後継者として立つべきだ」

という声が、父の後援会のなかから聞かれるようになったのだ。

「一郎君は、まだ大学を出たばかりじゃないか。選挙に出るには、若すぎる」

という反対の意見も出た。このため、賛否両論が沸騰した。

司法試験は、集中して勉強しなければ、合格できない。生易しい試験ではないことはわかっている。このまま机にへばりついて、合格を果たすべきか。選挙に出てしまうと、もう二度と司法試験受験に取り組むことはできないだろう。

●恩師の言葉で政治家の道を選ぶ

悩みあぐねた小沢は、恩師に相談した。すると、意外にも、

「お父さんが苦労してここまで築いた選挙地盤ではないか。一郎が跡を継がなければ、どうするのか。お父さんも残念に思われるだろう」

という言葉がはね返ってきた。この一言で、小沢の心は、はっきりと決まった。可能性は薄く

なるけれど、司法試験は、受けようと思えばいつでも受けられる。

しかし、父が四十八歳のときから艱難辛苦の末、営々として築き上げてきた選挙地盤は、一度崩れてしまえば、あっと言う間に荒れ果ててしまう。財産と同じように、他人の手に渡った後は、取り戻すことは困難となる。

小沢は、恩師の一言を受けて、司法試験に合格して弁護士になるよりも、政治家の道を選んだ。

父にとって弁護士は、世に出て身を立てるための手段にすぎなかった。弁護士という国家資格を武器に政治家となり、大臣まで務めた。総理大臣にはなれなかったものの、「衆議院議長の器だ」との下馬評を多くの同僚議員たちからも受けていた。本人もその気になり、衆議院議長を目標にして国政に励んでいた。しばしば晩酌に付き合っていた小沢は、そうした父の願望をよく知っていたので、父の無念さも十分に理解していたのである。政治家を志した小沢は、三権の長の一つが手に届くところまで努力していながら、その目標を果たせなかった父の無念さに報いるためにも、政治家として大成しなければならないと覚悟を決めたのである。

●自民党幹事長・田中角栄に面会を求めて一人で挨拶に行く

政治家への道に踏み出したとき、小沢は、人生航路に決定的なインパクトを与えるもう一人の重要人物と巡り会った。言わずと知れた田中角栄その人である。

小沢は昭和四十四（一九六九）年四月、自民党幹事長の田中に面会を求めて、一人で挨拶に行った。田中は、笑顔を浮かべながら、迎えてくれた。そのうえ、

「選挙に勝つには、辻々で説法し、一人で三万軒を回る覚悟が必要だ。選挙区内の神社の石段が何段あるかも知っているくらいでないといけない。いいか、思い切ってやれ、必ず応援する」

と言って、力強い励ましの言葉を与えてくれたのである。田中流の選挙は、辻説法にはじまって辻説法に終わると説かれているほど、徹底した戸別訪問を原則としている。足に血豆ができ、それがつぶれても歩き続けるのだ。

人生航路のなかでどんな人に巡り合うかによって、運命が大きく左右される。いい方向に向かうように転換する場合もあれば、苦労の割には報われない苦難の方向に落ちて行く場合もある。その差は紙一重だ。

小沢は、弁護士の道を選ぶか、政治家の道に進むかで迷ったとき、恩師から適切なアドバイスを得て、やがて大政治家へと大成していく。人生には、大事な岐路に立ったときのたった一言が、決め手になるほど貴重である。

●田中角栄からドブ板選挙のコツを教えられた

小沢は、田中に巡り会ったとき、ドブ板選挙のコツを教えられた。田中は、小沢が挨拶にき

たとき、すでに数千人の支持者を集めているという情報を入手していた。

二世であるから、親の財産のような支持者がたくさんいて当然である。しかし、小沢は同級生や知人、友人に積極的に声をかけて、支持者を糾合しつつあったのだ。

いまでも語り草になっているが、田中は、一日に二回就寝したと言われている。午後九時に一度寝て、午前零時に起き、その日にあったことを秘書から報告を受けた。

その後で、午前二時から三時まで読書にふけった。愛読書の一つは、国会便覧だった。選挙区を一つ一つ丹念に見ながら、衆参両院の国会議員についての情報を暗記した。派閥などの人脈や当選回数、得票数などを覚えたのである。

このほか、役人に関する情報についても、熱心にインプットした。入省年次や経歴、閨閥などに至るまで、鉛筆をなめなめ、大事と思うものに線を引く。赤ペンで○×をつけて記憶にとどめた。それから寝る。

朝は、六時に起きて、陳情団に対応した。こうしたことは、幹事長時代から習慣になっていたという。

全国の選挙区の情報は、自派の勢力拡大の強力な武器になった。公認権を発揮する際の匙加減、カネの配り方、権限の行使に当たって、田中は、これらをフルに利用した。

この手法は、昭和四十七（一九七二）年七月五日の自民党大会における総裁選挙の決戦投票での多数派工作に当たっても、威力を発揮することになる。

そればかりでなく、首相になって官邸入りしてからは、各省庁の官僚たちをコントロールするのに大いに役立った。首相が自分の入省年次まで記憶しているのを知って、大抵の官僚たちが、感服させられたという。

●田中角栄が「選挙の神様」と呼ぶ兼田喜夫がつくった「選挙・票固め十か条」

田中角栄は、選挙上手で知られていた。それには、秘密があった。選挙の「王道」を基本通りに実践していたのである。その王道とも言うべき、原理原則をまとめていた選挙のプロを「選挙の神様」と呼んで尊敬していた。自民党で選挙担当を務めていた兼田喜夫のことである。田中が陸軍にいたころの上官で、戦後、自民党に入り、「選挙・票固め十か条」をつくった。自民党は、「選挙必勝の極意」とも言うべき「ノウハウ」を持っており、それを徹底的に活用してきた。その代表的な「ノウハウ」が、「選挙・票固め十か条」である。

一、選挙は戦い、戦いは作戦。作戦の基本は、候補者のイメージアップ（相手候補のイメージダウン）。

事前活動、緒戦、中盤、終盤を通じ、綿密周到な計画と陣営の訓練が肝要。投票の〆切の六時まで全力を尽せ。

二、有権者の半数以上が婦人、婦人こそ人気づくりのメーカー。

婦人は思いつめたら一生懸命、婦人を味方にしよう。

三、有権者の構成は、今や昭和生まれが七十三％、大正生まれが十七％、明治生まれが十％。近代的感覚、カッコいい選挙にも留意し、陣営の鮮度保持に努力しよう。

四、拠点づくりを急ぎ、点を線で結ぼう。点はまず身近かな者、親類縁者、同級生、学校の同窓関係から、それを線に継ぎ、拡大を図ることが肝要。支持者カード、政治地図を作成しよう。

五、行事は早めに企画し、大きな集会と併せ、部落、学区ごと等、キメこまやかな座談会も企画し、末端に強く浸透する努力が必要。

六、食わずぎらいはいけない。反対派の支持者とみても、あたってみよう。先手を打って頼んでみる努力が意外に功を奏す（全国区選挙等では特に！）。

七、頼みっ放しは駄目。人をかえ、点検を綿密に行うことが絶対肝要。

八、接触度の高い活動家や人望のある人を陣営に組み入れ、口コミ作戦を重視、展開しよう。

九、得票は一票一票、足でかせぐこと。一票一票が積って山をなし、当選となる（千里の道も一歩から――）。

十、人気だけでは決して勝てない。人気よければ陣営が弛み、対立候補に乗ぜられる。最後まで危機意識に燃え、強固な団結と強固な必勝の信念を持って頑張ろう。

田中角栄は、この「十か条」を高く評価して拳々服用し、いつの間にか、選挙上手で知られるようになっていた。

前述したように、田中元首相の愛読書一つが国会議員を選挙区別に掲載している「国会便覧」だったというのは、政界ではよく知られた話である。この便覧を片時も離さず、寝床でも赤鉛筆をなめなめ、書込みを入れたり、赤線を引いたりして、全国の国会議員や候補者の得票動向や選挙での強弱、選挙区情勢などを研究していたと言われ、選挙にかけては、田中元首相の右に出る政治家は皆無に近かった。その人から、「神様」扱いされた人物だから、余程、選挙に精通していたと見てよい。

この兼田が、自らの選挙実戦の経験を踏まえてまとめたのが、この「選挙・票固め十か条」であった。文字通り歴戦の勇士の汗と涙の結晶である。

ちなみに、「全国区選挙等では特に!」という教えが示しているように、「選挙・票固め十か条」がつくられたのが、参議院全国区があったころであり、現在の「比例代表」の選挙とは大分事情が違っており、国民の世代構成も大きく変化している面はある。「投票〆切の六時まで全力を尽せ」というのは、いまでは「八時」に延長されている。「今や昭和生まれが七十三%、大正生まれが十七%、明治生まれが十%」という世代構成が大きく変わっている点はある。

だが、改めて読んでみると、「選挙必勝の極意」、あるいは「選挙戦術の原理原則」としては、今日でも立派に通用することに気づかされる。「組織づくり」や「支持者づくり」「イメージアップの方法」などの点で、少しも古くなっていない。大衆の多くから支持を得てしかも候補者の名前を書いてもらうところまで組織を固めていくための「原理・原則」や「ノウハウ」、あるいは「マニュアル」はインターネットが普及しつつある現代においても普遍性を持っていると断言してもよい。

小沢はこうして選挙に精通していた田中角栄から選挙のコツを教えてもらったのである。選挙に強い政治家としての小沢の出発点である。

●父の地盤を継ぎ、初陣を飾り代議士となる

小沢は昭和四十四（一九六九）年十二月二十七日の第三十二回総選挙で、父の地盤（岩手二区）をそっくり受け継ぎ、〝弔い合戦〟に出馬した。その結果、七万票の爆発的得票で初陣を飾り、代議士になることができた。政治家・小沢一郎の誕生である。二十七歳のときだった。二世議員であり、いわば「親の七光り」組の一人である。この点は、実に幸運に恵まれた。まさしく父祖の恵沢と言ってよい。

健全な子というのは、親の庇護の下でいつまでもぬくぬくしているのを好まないものである。いくら二世議員であるからとはいえ、親の遺産の上にあぐらをかき続けていたのでは、他人から馬鹿にされる。

「親の七光り」

この言葉は、二世、三世議員が最も嫌う言葉である。自民党国会議員の六割が、二世、三世

議員であり、いまや封建時代の世襲制度を想起させるように極めて好ましくない状態ができ上がりつつあること自体、世襲議員が一番恐れている現象でもある。

自らが七光りであるがゆえにそれに苦しむという心理は、自民党世襲議員の多くに共通している。「誰が、二世に生んでくれと言ったか。たまたま親が国会議員だったのにすぎない」と反発の声さえ聞かれる。世襲議員自身が、世襲の問題点に気づいているのならば、まだ救いがある。社会の身分状況が固定化し、流動性が鈍化するのは、社会の健康という点で危険である。明治維新以来、日本が急速に発展した原動力になったのは、社会の階層間の流動性が高く、身分が固定化しなかったからである。

その観点からも、国家の指導層の一つである国会議員階層の身分が固定化し、流動性が損なわれるのは、健全な社会とはいえないのである。

二世議員の一人である小沢は、親の恩恵に浴し、身分固定化に一役買うのを自分自身恐れている。小沢は、当選三回目のころから、選挙地盤において、親離れ意識を強烈に感じるようになっていた。

「親の七光りは、確かに十分に感じ、感謝している。今回も父のときからの後援者が選挙の土台をしっかりと支えてくれた。選挙区回りをしていると行く先々で、お父さんにお世話になりました、ありがとうございますと声をかけてくれる人に出会う。しかし、いつまでも父の遺産票に甘えてばかりはいられない。選挙も三回目ともなれば、自分自身が独自に地盤を築いていかないといけない」

とマスコミ関係者に力強く述べている。一回目、二回目、三回目と選挙を重ねているうちに、だんだんと逞しくなって行く。政治家は、選挙によって育てられるのだ。

選挙は、やってみた人でなければ、その苦しさは、理解できない部分がある。とくに東北の冬は厳しい。冬の選挙ともなれば、地獄である。雪をかき分け戸別訪問する。宣伝カーの窓から手を振らなければならない。夏の選挙も、冬に負けず、決して楽ではない。

物静かで無口だった少年は、迫力のある演説で聴衆を魅了し、感動させる弁舌の名手に成長した。少年時代をよく知る郷里の同窓生たちは、小沢の変身ぶりにいまでもわが目、わが耳を疑ったほどだ。それだけならまだしも、自民党の権力中枢で、剛腕を振るっていると聞いて、驚く人が少なくなかった。

この大きな落差は、一体どうして生まれたのだろうか。あの大人しい子供が、なぜ凄腕を発揮する権力者に成長することができたのか。子供時代を知っている人たちには、七不思議の一つに数えてもいいくらいに映っている。その謎を解くには、やはり田中角栄の存在を抜きにはできないだろう。あるときは浪花節調で迫り、あるときは、恫喝し、強要する。あの新潟訛りの抜けない独特の語り口、演説口調は、大名の傍に仕える小姓のようにいつも傍にいる者なら、自ら真似をしようと思わなくても、流行り病のように簡単に移ってしまうものなのだ。

●「とりあえず田中派に籍を置いたらどうか」

晴れて赤じゅうたんを踏むことができた小沢にとって、政治の舞台ではじめての決断を迫られる問題が、早速起きた。

「一体、どこの派閥に所属すべきか」

自民党議員には、どこの派閥に属するかという問題は、重要である。派閥の選択を間違えば、政治家としての将来性が大きく左右されることにもなりかねないからだ。

実際、小沢の身近には、そのいい例があった。父である。父は、藤山愛一郎率いる藤山派に属し、派閥の重鎮だった。しかし、藤山に首相の目がなくなったとき、派閥の勢いは急速に衰えてしまった。弱小派閥が政界で生きていくことは、政権取りの面でも、政治資金の確保の面でも大変なことだ。もともと財界出身だった藤山には「首相に」という声が出たことがあるけれど、財産を食い尽くして、結局、政治生命を失い、悲劇の政治家となった。藤山の側近として活躍してきた父の動きを知っている小沢や後援会の幹部たちは、派閥の選定に悩んだ。考えあぐねた末、

「とりあえず田中派に籍を置いたらどうか」

という意見に落ち着いた。そのころ、佐藤政権下で田中角栄は、破竹の勢いだった。後に首相となるべき器量と財力をすでに備えていたのである。小沢陣営では、

「二世議員といって甘く見られがちな世評を打ち砕くには、絶好のチャンスだ」

という読みから、田中派への所属に踏み切ることにした。

父・佐重喜は、藤山愛一郎の側近で藤山派の重鎮だった。だが、小沢は、日が昇る勢いで若手の新人議員を集めていた田中角栄の率いる「田中派」に入った。田中角栄は、佐藤内閣の下で自民党幹事長として絶大な実権を握っていた。

小沢は、父の地盤を受け継ぎ、政治家となり、父が負わされた使命をよく理解するようになっていく。その父の遺志を受け継ぎ、これを成功させることを悲願と感じるようになったとしても不思議ではない。

小沢は西郷隆盛が好んだ「敬天愛人」「至誠通天」を人生の指針としていた。小沢の好きな言葉である。政治家になる前からこの言葉を座右の銘にしている。いずれも、明治維新の功労者である西郷隆盛が好んだ言葉だ。

「人を愛し、誠意を尽くす。とくに誠意は、政治の世界だけでなく、人生全般に通じる人の道」

と小沢は心得ていたのである。晴れて政治家となってからも、これらの言葉を胸に秘めていた。

●「田中派の若手ホープ」

同期生には、渡部恒三、羽田孜、綿貫民輔、海部俊樹、森喜朗らがいた。海部は三木武夫、森は福田赳夫の派閥に属した。小泉純一郎（後の首相）は出馬して落選していた。小泉は福田邸宅の書生となり、下足番を務めて、昭和四十七（一九七二）年十二月十日の第三十三回総選挙で当選を果たす。

人間の奇縁とは、異なものである。小沢一郎が昭和十七（一九四二）年五月二十四日、渡部恒三が昭和七（一九三二）年五月二十四日生まれで同じ誕生日である。このことを知った梶山静六が、二人の誕生日を名目に、自民党の一年生議員四十四人全員を赤坂の料亭「満願」に集めて、当時幹事長だった田中角栄を来賓として招いた。

そこで、若い議員たちが、「田中を総裁に推す」というような雰囲気をつくった。このなかで田中角栄の下に結集した議員たちが、後の田中派そして竹下派、いわゆる経世会の原型になる。いま流に言えば「田中チルドレン」である。田中派の「昭和四十四年（一九六九）組」の結束力は、極めて固く、田中角栄のために働くいわゆる「武闘派」となった。

小沢は当選して直ぐに、当時飛ぶ鳥も落とす勢いだった田中角栄の直系の弟子となったのだから、自信満々になったとしてもおかしくはない。

「田中派の若手ホープ」

と呼ばれ、過剰なほどの強心臓な自信が湧いた。これこそ、小沢の器を二倍にも三倍にも大きくした原動力だったのではないか。

「寄らば大樹の陰」

とはよく言ったものである。大樹を選び、人生航路を誤りなきよう発見できる眼力、洞察力、先見性こそ、政治家が持ち合わせていなければならない力であり、資質である。

自分自身の人生航路のみのことならともかく、国家国民をリードしていく指導者ともなれば、これらの資質は、必須の条件である。小沢は、田中という大政治家を生きた手本にして、その政治手法を学んでいった。

●「オヤジの言うように、オレも幹事長になるぞ」

「一郎よ、政党人でやるなら、総理総裁を目指す前に幹事長を狙え」

小沢一郎は、衆議院議員に当選し、田中角栄の門下生になったばかりのころ、田中から口癖のように教えられた。

自民党幹事長になるというのは、「総理大臣」を目指すことを意味していた。このころ、幹事長というポストは、「総理大臣」になるために踏まなければならない必要条件の一つと考えられていたからである。

幹事長になる政治家は、派閥間のバランス上のやむを得ない異例人事を除いて、通常の場合は、所属する派閥の領袖か、もしくは、派閥の有力後継者として同志から認知された人物であることを意味する。

すなわち、上に領袖が元気であるとき、幹事長に抜擢された政治家は、この派閥を継ぐ長男坊主になったということなのである。親分の次に偉い後継者としてツバをつけたのだ。それは、派閥の内部ばかりでなく、外部を含めて衆目の一致するところでもある。

　師匠の薫陶を受けて、小沢は、

「オヤジの言うように、オレも幹事長になるぞ」

と素直に心に決め、師匠の教えに従って、着実に天下盗りの道を歩み始めた。田中は、小沢を
わが子のように可愛がった。あふれるような愛情を注いだ。

　田中は、長男・正法をわずか三歳で病死させていた。長男は、小沢と同じ年であり、小沢の顔を見るたびに、田中は、長男を重ね合わせて見ているようだった。

　田中の気持ちを察した小沢は、田中に対して実の親と同じような感覚で仕えた。田中は自分の持っている政治のノウハウを惜しみなく伝授しようとした。小沢にとって田中は、親であり、政治の師匠という二つの側面を持っていた。

　小沢は、田中にとって、良い子供として、田中の期待に応えて模範的な政治家になろうと心に決めていた。田中の期待に応えようと決心した瞬間、小沢は「自民党総裁イコール総理大臣レース」に参戦したのである。それは、先輩、同期生、後輩らとの激烈な戦いを意味していた。

第2章　果てしなき権力闘争

●三角大福戦争始まる

昭和四十七（一九七二）年七月五日の自民党大会における総裁選挙では、田中、福田、大平、三木の四人が争った。お互い好敵手の関係に立ち、三角大福戦争と呼ばれた。

「田中角栄VS福田赳夫」の対立構図のなかで田中陣営の渡部と小沢の二人は、福田陣営の小泉と森を向こうに回して、「宿敵同士」として戦っていた。決戦投票の結果、田中が福田を破って総裁に就任した。田中政権が七月七日にスタートしている。

この対立構図は、「民主党の小沢一郎（旧田中派）VS自民党の小泉純一郎首相（旧福田派)」の構図にひきつがれ、政党対政党の対立と形を変えて、「角福戦争」が今日まで続いている。

田中角栄の選挙手法は、総裁選挙の決戦投票での多数派工作に当たっても、威力を発揮していた。

●「福田組」社長の長女・和子と結婚する

いい人間関係、師と仰ぐ人物との出会いが人生航路を決定すると言えば、婚姻で結ばれる人間関係も、見逃せない重要なポイントである。

小沢は、昭和四十八(一九七三)年十月、田中に近い建設会社「福田組」(本社・新潟市)の社長の長女・和子と結婚した。この結婚によって、小沢は、田中派内での強力な人脈に乗ることができた。

妻・和子の妹が、竹下登元首相の腹違いの弟・亘と結婚しているからだ。竹下の長女・一子が、金丸信副総裁の息子・康信と結婚している。実業界では、竹下の三女・公子が、竹中工務店前社長の息子・祐二と結婚したので、小沢は、竹中工務店にまで縁戚関係がつながった。

田中に育てられた小沢は、竹下、金丸という二人のドンのファミリーに組み込まれた形になった。小沢は、この人間関係から生まれる政治的エネルギーから多大な恩恵を受けることとなったのだ。

●田中金権政治への国民的批判が高まる

立花隆が『文藝春秋』誌上に「田中角栄研究――その金脈と人脈」を掲載したのがキッカケとなり、田中金権政治への国民的批判が高まり、昭和四十九（一九七四）年十二月九日、田中政権が倒れた。わずか二年五か月の短命政権だった。

昭和三十九（一九六四）年十一月九日以来、七年八か月の長期にわたって佐藤政権を支えてきた田中にとって、この二年五か月というのは、あまりにも短かった。

小沢は、田中の本当の気持ちを知っていた。それは、田中が、もう一度政権の座に就きたいという欲望を持っているということだった。地中からマグマが押し上げてくるように、執念が田中を突き上げていた。

●三木、福田をつぶせ

退陣しても、田中は、政治的には、まだ成仏していなかった。

「少なくとも四年はやりたかった」

と周辺にもらした田中の言葉には、口惜しさがにじみ出ている。確かに一つの政権がじっくり腰を据えて仕事をしようと思ったら、最低四年は必要である。それが、思いもよらず、雑誌の記事がキッカケで政治生命を絶たれることになった。

「たかが雑誌の記事一つで政権を倒されるとは」

と返す返すも残念でならない。傍にいる小沢も何と言って慰めたらいいか、言葉の選びようがなかった。そのうえ、田中には、まだ悔しいことがあった。宿敵の三木武夫が、政権を継いだのだ。

「晴天の霹靂」

と三木自身が驚いたように、天から政権がころがり落ちてきた。

「クリーン」だけが売り物の三木が、何の努力もしないのに副総裁・椎名悦三郎の裁定を得て、政権の座に就いた。

文字通り棚ボタ式に政権を手に入れた形だった。だが実際は、少数派閥を率いて巧みに政権中枢をうかがい、

「男は三度勝負する」

と言って、艱難辛苦して戦ってきた三木首相の努力が実ったのである。したがって、単純な棚ボタ式とは言えない面がある。

しかし、政治的に見れば、田中は、自民党内第一の派閥を依然として率いており、余力どころか精力があり余っている。田中の怨念は、『文藝春秋』の記事よりも、三木に向けられることになった。

「三木を短命に終わらせよ」

田中の目標は、できるだけ早く三木政権を倒すというこの一点に集中したのである。しかし、天は、田中に運を与えなかった。ロッキード事件が昭和五十一（一九七六）年二月四日に発覚し、世論をバックにした三木は、東京地検特捜部が同年七月二十七日、田中を逮捕したとき、これを黙認したのである。

三木は、田中の画策の手から逃れたかに見えた。ところが、首相まで務めた田中の逮捕を許した三木は、自民党内の反三木派の結束を固めさせる結果を招いた。昭和五十一（一九七六）年八月十九日、福田・大平・田中派ら反主流派が「挙党体制確立協議会」（座長・船田中）を結成したのである。

「田中を逮捕させた三木を倒せ」

という声の高鳴りが自民党内で響きはじめた。その声に加勢するかのように、三木は五十一（一九七六）年十二月五日の第三十四回総選挙で敗北してしまった。その責任を取って三木は、田中が望んだように退陣に追い込まれて、二年の短命政権に終わった。

しかし、国民からの金権批判が鎮まったわけではなかったので、田中が、三木の後を引き受けるのは、論外だった。そこで福田赳夫が政権を受け継いだ。福田は昭和五十一（一九七六）年十二月二十三日の自民党両議員総会で総裁に選出された。田中は、福田政権を支える条件として「二年」の短期を福田に約束させた。

この約束には、

「福田の後は、大平正芳に禅譲する」

というもう一つの重要な約束が含まれていた。証文も取った、という噂もあった。ところが人間の欲望には限りがないのか、福田は、この約束を反故にしようとした。

「二年の任期後も続投したい」

と言いはじめたのである。当然、大平も田中も怒った。福田が潔く禅譲しようとしなかったため、自民党総裁選挙によって勝負して決着させることになった。この選挙には、自民党の党員党友を参加させる予備選挙が設定された。田中は、

「全力を挙げて福田政権を打倒せよ」

と派閥全員に指令した。この戦いでも、選挙の神様・田中は、強みを発揮した。自民党組織内での選挙の仕組みや性格、特色、国政選挙との違いなどを徹底的に分析してかかったのである。

大平は、総裁選挙予備選挙において自民党幹事長としての職務権限を徹底的に利用した。党員党友名簿は党内でしっかりと保管し、勝手に見せてはならない決まりだったが、大平幹事長は、それを出させた。

入れ知恵したのが、名簿を管理する立場にあった竹下登全国組織委員長だった。田中派秘書会のメンバーが密かに総動員され、都内をはじめ各地にオルグとして派遣された。そして、

「大平と書くように」

と呼びかけたのである。

この作戦を陰で指揮したのが、田中であり、竹下に協力して指揮官役を果たしたのが、後藤田正晴だった。

「人民の海へ」という左翼まがいの作戦により、目立ちにくい東京の下町に前線基地を構えて、多数派工作を行った。小沢は、田中の傍にいて、先輩たちの戦いぶりをみっちり勉強した。

結局、昭和五十三（一九七八）年十一月二十六日の自民党総裁候補予備選挙で大平が勝利し、昭和五十三（一九七八）年十二月一日の自民党臨時大会で、新総裁に選出され、同月七日、大平政権が誕生した。大蔵省出身の大平は福田の後輩だったが、学歴のない田中は、東大法学部出身者でない大平（東京商科大学＝現在の一橋大学出身）に親しみを感じていたので、当選に全力を傾けたのである。敗北した福田は、この作戦を後で知り、地団太を踏んだ。

だが、大平は、政権に恋々として成仏しない福田元首相の怨念を浴び、「四十日抗争」の心労が祟ったのか、昭和五十五（一九八〇）年六月十二日、入院先の東京・虎ノ門病院で心筋梗塞で死んでしまった。

●政権タライ回しの密約

鈴木善幸が昭和五十五（一九八〇）年七月十七日、政権を継いだ。これはキングメーカー・田中の鶴の一声で決まった。田中は、ロッキード事件の裁判中でもあり、まだ復権できる立場になかった。そこで傀儡政権を樹立したのである。

凡庸な鈴木が政権の座に就いたことに、

「ゼンコー・フー（善幸とは何者だ）」

という声が世界各国から聞かれた。

日本人の間でも多くの人が、なにゆえに田中が鈴木を首相にしたかについて、首をひねった。

この田中の指名には、裏があったのである。

昭和五十一（一九七六）年八月十九日に結成した挙党体制確立協議会を中心とする〝三木おろし〟運動の際に、田中を中心に田中に近かった鈴木善幸、園田直、江崎真澄、金丸信、二階堂進という「田中角栄を囲む五人男」の間で、将来政権を順々にタライ回しする密約が結ばれたというものだ。

園田が糖尿病をこじらせて死んでしまっていたので、田中は年長者である鈴木に政権を担当させたのだ。田中は、約束を忠実に守った。密約を薄々知っていた小沢は、

「さすがにオヤジは、律儀だな」

と感心した。「至誠通天」を座右の銘にし、誠実であることを最高の価値としている小沢は、田中が鈴木を選んだことの是非はともかくとして、そうした田中の人柄に改めて感服させられたのである。田中は、

「よっしゃ、よっしゃ」

と気軽に口約束をするタイプだが、約束したことは、必ず実行した。場合によっては、頼まれ

ればその場で自ら電話をかけて依頼ごとを処理してしまう。その決断力と行動の迅速さには、中央官庁の役人はもちろんのこと、社会党などの野党政治家も舌を巻くほどで、人間としての信頼と評価はいまでも高い。小沢は、そんな田中に惚れ込んでいた。

「オレもオヤジのような決断力と行動力のある政治家になろう」

と心密かに誓っていた。

しかし、鈴木は、まったく無能な首相だった。国民からもソッポを向かれ、恥ずかしくなったのであろう。

「政権には恋々としない」

と簡単に政権を放り出してしまった。昭和五十七（一九八二）年十月のことである。田中は、鈴木を政権に就けたのが間違いだったと反省した。

「しょせん、器でない男に政権を担当させるのは無理だった」

と小沢にもそれとなく洩らした。その跡を中曽根康弘が同年十一月二十七日政権を継いだ。派閥間の調停不成立による自民党総裁候補決定選挙が同月二十四日行なわれ、中曽根が当選した。二位河本敏夫、三位安倍晋太郎、四位中川一郎の順だった。しかし、これも最大派閥を率いていた田中が事実上決めた。自民党総裁選挙は形式的に実施されたにすぎなかった。これは、自民党政治が、

「田中に支配されている」

という国民からの批判に煙幕を張るのが目的だった。それにロッキード事件の判決が近づいていたので、判決の内容が気がかりだった。

「万が一有罪判決が出たら、どうするか。いざというときのために、オレのコントロールが効く強力な政権をつくっておかなければ、国民の批判をはね返すことが難しくなる。まかり間違えば、政界からの引退を迫られる恐れがないとは言えない。そのためにも、こわもての中曽根がいい」

そう計算していた。もちろん、それまで旧内務省出身の中曽根の仲間などから盛んに陳情されていた。だが、中曽根夫人・蔦子《つたこ》の内助の功が効いていた。

「ぜひ、うちの主人を総理大臣にしてやって下さい」

という中曽根夫人の懇請に、田中は負けていた。このことを聞いた小沢は、内助の功の威力を改めて知った、

「いざというときの女房の力というのは、凄い」

田中は、鈴木と同様に中曽根を傀儡にして、本格的に「院政」に乗り出すつもりだった。

その裏で、中曽根は、政権の座を手に入れるに当たって、当時のキングメーカー・田中角栄元首相に相当の謝礼をしたという噂が政界に流れた。

一方、中曽根政権誕生の陰で、一人臍を噛んでいた男がいた。二階堂進である。

「鈴木の次はオレのはずだったのに」

田中が、自分のことを忘れて、中曽根にカネで政権を渡したことを恨みはじめたのである。二階堂にとって、田中は、誠実な男ではないと感じられたからだ。

田中は、

「約束は約束だが、鈴木の二の舞はもうごめんだ」

という気持ちがあった。二階堂では、ロッキード判決で「黒」が出た場合の対処はできないとも判断していた。

ところで、田中は、カミソリと恐れられていた後藤田正晴を官房長官に配置して、中曽根を監視させるとともに、年間数十億円といわれた官房機密費を押さえさせた。

「政権を担当させる代わりに官房機密費は自由に使わせてもらうよ」

と田中は、すでに中曽根に言い渡していた。

こうした田中のスキのない手の打ち方を横目で見ながら、小沢は、

「政治の実権というものは、こうして取るものなのだな」

と田中を尊敬の目で仰ぎ見た。さらに、中曽根に政権を担当させるのと引き替えに、田中は、

「幹事長ポストをうちの派で引き受ける」

と言って中曽根に同意させていた。

この結果、二階堂に引き続き幹事長を務めさせ、中曽根への一種の「監視役」を果たさせようとした。

しかし、中曽根政権誕生のときから、マスコミが、一斉に「田中曽根内閣」と厳しく批判しはじめたため、鈴木派の田中六助へバトンタッチした。

これらに対して、田中は、首相にもなれず、幹事長ポストも剥奪されて不満たらたらの二階堂を宥めるため、国民世論のスキをみて、副総裁に据えた。

さらにしばらくして、自派の金丸信を幹事長に押し込んだ。これで自民党の副総裁・幹事長のポストを押さえることができたのである。

●復権をもくろむ角栄

受託収賄罪、外国為替法違反罪に問われていた田中は、昭和五十八（一九八三）年十月十二日のロッキード裁判丸紅ルートの判決公判で、懲役四年・追徴金五億円の実刑判決を受けた。国民の金権政治への批判を受けて、中曽根は、同月二十八日、田中に「国会議員の自発的辞職」を勧告した。

むろん、勧告を受けたからといって、素直に辞職するはずはない。中曽根もそんなことは百も承知だった。田中、中曽根の間で芝居を打ったのである。総選挙が近づいていたので、国民世論を交わすため、仮に辞職したとしても、大した実害はないという計算もあった。

もっとも、この田中、中曽根の思惑通りには、ことは運ばなかった。

同年十二月十八日の総選挙で、自民党は過半数ぎりぎりで敗北してしまったのである。その

ため、党内が紛糾し、とくに福田、三木、河本の三人が、中曽根批判をはじめた。中曽根は、

「浅学非才の身で……」

という内容の詫び状を書かされて、党員党友に詫びて許された。大恥をかかされながら、中曽根は、じっと言いなりになり、新自由クラブとの連立により、かろうじて政権を維持することができた。


しかし、中曽根が選挙に敗北したものの、田中は選挙に勝ち、生き残った。ロッキード事件裁判の判決や「田中曽根内閣」への批判は、田中の選挙区（新潟三区）にはほとんど影響がなかったのである。


その後、ロッキード事件の風化が急速に進み、田中への世間の風当たりも和らいで行った。それどころか、景気高揚の立場から、田中政治の再現を待望する声すら聞かれるようになった。

「日本列島改造論、あのころはよかった」

というのである。そうした風潮を背景に、中曽根は、国公有地の払い下げを起爆剤にして都市再開発政策を展開して行った。地価や株価の高騰を招くバブル経済の進展がはじまったのだ。


中曽根政権の下で、実質的な田中政治再現への夢が膨らみ、政界における田中の復権の動きが本格化しそうに見えていた。

●煩悶する小沢

政治家という生き物は、死ぬまで政権欲をたぎらせ続ける動物である。いや、死んで焼かれて灰になっても、まだ政権欲を燃やし続けているとまで言われている。その執念たるや鬼気迫るものがある。

ドイツの社会学者マックス・ウェーバーは、『職業としての政治家』という著書のなかで、政治家に求められる資質の一つとして、

「たゆみなく岩盤を打ち砕き続ける執拗さ」

を挙げている。「しつこさ」こそ、必要な条件だというのである。

田中にしても、福田、三木、河本、二階堂にしても、しつこさにかけては、天下一品だった。ロッキード事件で有罪判決が出ているにもかかわらず、田中は、

「まだ高等裁判所、最高裁判所があるじゃないか。最高裁判所で無罪の判決が出れば、もう一花咲かせる」

と政権欲をギラつかせていた。二年で政権から降ろされた福田も、成仏していなかった。

「あわよくば」

とチャンスを窺っていた。プリンスと言われた安倍晋太郎に身代を譲り、自分は会長の立場に祭り上げられているのに、

「天下の福田だ。外交を任せてくれるならいつでも応じる」

と、外相ポストへの色気をプンプンさせていた。

「首相を務めた後、閣僚を務めた例は、戦前にはいくらでもある」

とヤル気満々だった。

自民党副総裁という要職を与えられた二階堂は、このポストには満足していなかった。ただ三木だけは、派閥の大番頭で三光汽船のオーナーとして政治資金を稼いでいた河本に派閥を譲っていたので、政権欲というよりは、田中政治の撲滅のために命を賭けていた。

弟子の河本は、

「大勢の皆さんの推挙があれば」

と三木の政治戦略を勘案しながら虎視眈々とチャンスを狙っていた。そうした成仏したがらない老人たちの醜い争いに辟易しながら、ニューリーダーたちは、手ぐすねを引いてウズウズしていた。宮沢、安倍、竹下の三人である。

「一刻も早く頁をめくれ」

と老人たちを突き上げるのだが、当の老人たちは、

「老害は早く消えてしまえ」

と陰口を叩かれようと、ビクともしなかったのである。最大派閥でありながら田中が退陣した以後、総理総裁候補者を一人も出せなかった田中派では、竹下が、田中の顔色を上目づかいに窺っていた。

●「オヤジと竹下の関係は、一体どうすればいいのだろう」

親と子、師匠と弟子という関係において、親は子に、師匠は弟子に、いつの日か乗り越えられる日が必ずやってくる。優秀な子や弟子ほど親や師匠を乗り越えて行く。

家庭であれ、企業であれ、政界の派閥であれ、あるいは、宗教団体であれ、常に世代が新陳代謝している一つの有機体と見るなら、時の変化に応じてトップが交代するのは、一種の必然である。

しかし、親が子供に身代を、企業の社長が部下に経営権を、派閥の領袖が実権を、宗教団体の会主がトップの座をそれぞれ禅譲したがらない場合がよくある。日本においては、トップがスンナリと座を下りる場合と、なかなか譲渡しない場合との違いは、組織や組織に携わる人々の民主主義意識の程度や成熟度によって左右されるようなのだ。

英国からの独立戦争で勝利をもたらし、米国の初代大統領に就任したワシントンが、

「一つの座にいつまでも同じ人間が座っていては、組織が腐ってしまい、民主主義が破壊されてしまう」

と述べ、一期務めて田舎に引っ込んだ例は有名だ。民主主義が成熟した社会のトップの去就は、潔い。

これに反して、日本の場合、長期にわたってトップの座に固執する人が、少なくないのであ

る。なかには、十年も二十年もトップの座を守り続けるのを誇りに感ずる人もいる。部下たちが、そうしたトップを納得させて退陣させるのは、なかなか容易ではない。

田中角栄もそうした日本人の一人だった。自らが育て上げた弟子たちが、その教えに従い、成長してきていることをよく知っていながら、派閥の経営権を任せたがらなかったのである。

そんな田中の態度に、田中の後継者と自他ともに認められていた竹下登は、ウズウズしていた。

「十年経ったら竹下さん、ズンドコ、ズンドコ」

とズンドコ節の替え歌まで作って、派閥の宴会や会合で自らもノドを震わせて歌いはじめたのは、

「もういい加減に、禅譲して下さい」

という田中へのシグナルであった。

しかし、田中は、竹下を心の底では信用していなかった。それには、原因があった。いつのことかは、定かではないけれど、昭和五十七（一九八二）年ごろ、政治記者の一部にも伝わってきた話である。

あるとき、田中が、竹下に企業回りをさせたことがあった。政治資金を集めに回らせたのだ。その際、竹下は、田中の政治団体名義の政治資金とは別に、ちゃっかり自分の政治団体の口座を作らせたという。それが後で田中に知られた。田中は竹下を呼びつけ、スリッパで頬を思い切り叩きながら、

「お前は、まだ十年早い」

と怒鳴りつけたという。田中にしてみれば、最も信頼していた竹下が自分の金庫に勝手に手を入れたので、裏切られた気持ちだったのだろう。しかし、竹下の方は、いかに師匠とはいえ、スリッパで叩かれるというのは、我慢強さを自認していたとしても耐えられなかったに違いない。


このことがあって以来、田中と竹下との間で亀裂が生じたようである。この話は、派閥の隅々ばかりでなく、他の派閥にも伝わっていった。


田中を親とも師匠とも思っている小沢は、田中と縁戚関係にある竹下との間に立って、心を痛めていたが、田中は相変わらず、

「まだ十年早い、もっと雑巾がけしろ」

と取り合おうとしない。田中は傀儡政権を作って院政を敷き、

「いつの日か、必ず政権に返り咲いてみせる」

と思い込んでいる。田中の考え方が変わらない限り、最大派閥である田中派から総理総裁候補者を立てられない状態が続く。田中の心中をよく理解している側近の小沢でさえ、

「これは、もう正常な感覚ではない。オヤジが無罪になってくれればいいけれど、その公算は薄いのでないか」

と思いはじめるようになっていた、大平、鈴木、中曽根という三代までは許せるとしても、こ

れ以上は、もう我慢できないという空気は、昭和五十九（一九八四）年正月ごろから次第に派閥のなかに漂いつつあった。田中内閣が崩壊してから、ちょうど十年を数えていた。

「次は竹下さん」

と思っている小沢は、竹下がいつ立つことができるのか、心中心配していた。それと言うのも、田中が、

「当面は、中曽根政権を支えて行く。次は、宮沢を拾う」

という戦略を匂わせていたからだ。しばらく他派閥の領袖に政権を担当させて、ロッキード事件のほとぼりが完全に冷め、風化した頃合いを見計らって自分が政権に返り咲く。そのころ、最高裁判所で無罪判決が出ているはずだという期待が、この戦略のなかに込められていたようだった。

　しかし、宮沢は、竹下、安倍と競争している竹下のライバルである。しかも、よその派閥の領袖だ。小沢は、

「自分の派閥の後継者としてレッキとした長男坊主がいるのに、他派閥の領袖を担ぐというのは、どう考えてもおかしなことだ。こんなことで派閥の結束をいつまで保つことができるか」

と、田中の基本的な戦略に疑問を感じていた。それにもう一つ心配なことがあった。それは、田中自身の健康問題である。

　田中は、東京・目白の自宅にいるときも自家用車で外出するときも、必ずウィスキーを側に

置いている。会合に招かれて、演壇であいさつをしているとき、ろれつが回らなくなることがしばしばあった。ロッキード事件の裁判で法廷に向かうときでも、必ず陽気に見せているが、心中は相当参っているのがありありと見られた。

「さすがのオヤジも、裁判は、かなり堪えているのだな。酒でも飲んで自分を誤魔化さなければ、堪えられないのだろう」

と小沢は、田中を気づかった。そればかりではない。昭和五十八（一九八三）年十月には、ノドを詰まらせて倒れたこともある。

そう考えはじめて、小沢も眠れない日々を送るようになった。

政権欲を持ち続ける田中と、身代を譲って欲しいという竹下との間に立って、小沢は苦しんだ。

●オヤジの首に鈴をつける

肥大した田中派には、もう一つの危惧することがあった。「肥大」そのものである。いまや水膨れに近い状態にあった。田中派の政治資金を集める「集金力」と「面倒見のよさ」をアテ込んで、入会者が跡を絶たなかった。

政界の派閥というのは、実態は、中小企業である。この企業体を永続的に維持していくには、潤沢な資金力とともに、トップに立つ者の強力なリーダーシップが必要である。

いま田中を見ていると、自分の立場の維持に固執しているようなところがありありと窺える。これで果たしてこの派閥に将来はあるのだろうか。

政治家として成長の一途をたどっていた小沢は、派閥政治を軸にして動いている日本の政治を展望して、田中派の前途に大きな不安を感じていた。

「なんとかしなくては」

そう考えると、結論は、必然的に決まってくる。派閥を維持する後継者というだけでなく、総理総裁を目指す竹下を、いつ正式な後継者として田中に認知させるかということだ。

しかし、本人に向かって、ストレートに進言したら、田中は、

「なんだと。竹下？　まだ早いと言っておるだろう」

と一喝されるのは目に見えていた。

早い話が、猫の首にどうやって鈴をつけるかだ。

その猫に最も近いところにいたのは、秘書の早坂茂三であった。田中が側に置いて器用に使っているのだから、誰もがそう思っていた。

息子のように思ってもらっている小沢は、親子同然だから、鈴をつける役目は無理だった。小沢は、鈴つけの役目を早坂に依頼しようと考えたようである。

だが、その前に確認しておかなくてはならないことがあった。それは、小沢と同世代の橋本龍太郎や羽田孜、小渕恵三らは一体どう考えているだろうか、ということだ。こんな大事なこ

とは単独でできることではなかったからだ。いかに元気さでは誰にも引けを取らない小沢でも、皆が田中の戦略を正しいと思ってそれに従っているのに、自分だけが飛び跳ねた行動はできない。

それに、早坂に相談に行くにしても、その呼吸や言い方を誤ると、

「オヤジさん、小沢がこんなことを言ってきましたよ」

と誤解されて伝えられてしまう危険さえあった。そこで、小沢は、慎重に行動することにした。まず、橋本、羽田、小渕らの仲間の考え方を打診することにした。そして、聞いてみると、認識は、大体一致していることがわかった。

それを確認したうえで、小沢は、行動に出たのである。

●老人たちの執念

ところが、小沢らの行動に一瞬水をさすように出来事が起こった。昭和五十九（一九八四）年十月二十七日、自民党副総裁の二階堂進が、党実力者会談で党改革を要求したのである。

中曽根内閣を批判したばかりでなく、これは明らかに中曽根内閣の倒閣を意図したものだった。この要求には、福田、三木、河本らの実力者が同調していた。

二階堂は、これら三人と事前に画策して、中曽根に一矢報い、できれば退陣を迫る覚悟を決めて臨んでいた。

実は、この画策の背後には、政界の策士で知られた松野頼三が控えていた。そのうえ、政権の一角に食い込みたいとの野望を持つ民社党最高顧問の春日一幸、公明党委員長の竹入義勝らが潜んでいたのである。

これらの政治家たちは、自民党が衆議院で保革伯仲状態にあるのを、中曽根政権の弱みの材料と見て揺さぶりをかけ、その勢いで退陣に追い込もうという魂胆だった。陰謀家の松野は、どこの派閥からも嫌われて政界のはぐれガラスになっていたので、福田、三木、二階堂らは、かえって重宝に扱った。

これら老人たちは、お互いに頻繁に電話連絡を取り合い、しばしば都内のホテルの一部屋などで会合し、中曽根内閣の倒し方について研究していた。

二階堂が党改革の要求をした直後、マスコミの一部から「二階堂政権構想」の浮上を伝える報道がなされ、政界に衝撃が走った。

二階堂は、通算五期にわたる田中角栄幹事長時代、常に筆頭副幹事長を務め、田中内閣では官房長官、幹事長の要職を務めた。

田中失脚後、七日会（旧田中派）を西村英一会長と共に運営し、大平急死の後、田中の鶴のひと声で、鈴木が首相に抜擢されたことから自分にも政権が回ってきてもおかしくないと思い込み、政権担当意欲を露骨に示していたのである。

にもかかわらず、当の田中が、二階堂の二の字も言わないので、反田中で結束していた福田、三木、河本に気脈を通じて、欲望の実現を図ろうとした。実際、二階堂の心は、この時点では田中から離れていたと見てよいだろう。

実を言えば、この構想には、二階堂政権が誕生した暁に、福田が外相、河本が副総理を務める人事配置まで含まれていたようだった。福田は、外相をやりたがっていた。

この老人たちが描いた構想には、さすがの小沢も驚いた。寝耳に水だったからだけではない。老人たちのいまわしいほどの政権欲の強烈さに、である。しかし、一笑に付することのできない事態だった。二階堂の後ろで福田と三木、河本が控えているのが見えていたからだ。

これに対して、当然、福田らの意図を察知した田中が激怒した。金丸信を呼び、

「二階堂政権などあり得ん。すぐに阻止しろ」

と命じた。金丸は、まるでいまにも燃え上がりそうな火事場で火を消す火消しのように駆け回った。

「いまごろ、二階堂でもないだろう。安倍もいれば、宮沢もいる。竹下だっている。河本だって、目が完全に消えたわけではない。いい加減、世代交代を進めるべきだ」

などと、福田、三木、河本らを説得したのである。二階堂にも自重を促し、ことなきを得た。

このときの功績が認められて、金丸は、後に自民党幹事長の要職を田中から与えられている。

しかし、田中にとっては、この金丸がまったく油断ならない曲者となるのである。このとき田中は、まだそれに気づいていなかった。

●田中を屠る

間一髪のところでことなきを得た小沢は、田中に謀叛を起こす行動に出る準備に取りかかった。武闘派と呼ばれるまでに逞しくなった小沢は、このとき、竹下政権の実現を強烈に意識していた。

ここで、二階堂政権構想を巡る騒動が治まったころから竹下決起までの動きを、時系列的に振り返ってみよう。

①昭和五十九（一九八四）年十一月中旬、竹下を中心に金丸、小沢、梶山、羽田が会合したのを手はじめに会合を繰り返す。

②十二月中旬、衆議院本会議前の自民党代議士会で梶山が小沢、小渕らに声をかけ、夜に会合し、その席で、竹下を中心とする勉強会「創政会」づくりの構想が持ち上がる。

③十二月二十五日、竹下、金丸、小沢、小渕に橋本を加えて十八人が集合した。一部に、

「オヤジの了承を得てからはじめよう」

という反対論が出たが、

「事前に発覚すれば、つぶされる」

という意見が多数を占め、決行することが決まった。

④昭和六十（一九八五）年一月十日ごろ、小沢が、勉強会の中核となる政治家の人選に入る。

⑤一月二十三日、中核となる政治家二十五人が、集合し、非公然の旗上げをする。
⑥一月二十四日、都内のホテルで田中派の新春総会が開催されたが、田中に察知されていないことを確認する。
⑦一月二十七日夜、竹下が東京・目白の田中邸を訪問し、政策勉強会をつくることなどを報告し、田中の承諾を得る。
⑧一月下旬、田中派幹部らの口から田中の耳に創政会に関する情報が入りはじめ、「派中派をつくるものである」との警戒論が出る。
⑨二月に入って、田中側が創政会に入会しそうな政治家のチェックをはじめ、切り崩し工作が激しくなる。
⑩二月七日、創政会の発会式が行われ、入会申し込み者八十六人のうち、四十一人が正式に参加し、竹下政権を目指して一致団結して闘っていくことで盛り上がる。
こうして田中の妨害に遇いながら、小沢は、竹下のために創政会の旗上げの実行行為者となったのである。

この計画は、竹下、金丸、小沢という血縁でつながったファミリーの血の結束があったればこそ実現できた面もある。

竹下は、師匠である田中に「まだ十年早い」とスリッパで頬を叩かれながら我慢の子を通した末に、下剋上を行った。この創政会の旗上げを機会に田中派から独立して、最大派閥を形成する第一歩を踏み出したのだった。

足下から起きたクーデターにショックを受けた田中は、同年二月二十七日、脳梗塞で倒れ、東京・富士見町の東京逓信病院に入院した。一命は取り止めたものの、半身不随となったうえ、極度の言語障害に陥った。

身体が不自由なままの姿で病室から目白に生還した田中の政治的影響力は、急速に低下し、「田中院政」は終焉を告げたのである。

それまで田中についてきた政治家のうち、一部の者は創政会の様子を見ながら値踏みしていたが、そのうち、大半が蜘蛛の子を散らすように田中から逃げ、竹下の下に走った。後に残ったのは、二階堂や山下元利らのごく数えるほどのメンバーだった。

「このまま田中についていてもカネにならない」

と大半が勝ち馬の方に寝返ったのである。カネの切れ目は縁の切れ目とは、このことである。

しかし、田中は、竹下を恨むことはできなかった。というのは、佐藤政権末期に、自分も竹下と同じような行動をとってきた前科があったからだ。田中は、東京・築地の料亭「金田中」に同志を結集して、佐藤首相に下剋上を行い、田中派の名乗りを上げ、その後の権勢を築くことができたのであった。佐藤に対して行ったのと同じことを、愛弟子の竹下と秘蔵っ子の小沢、それに盟友の金丸にやられてしまったということだ。

●怨念からの解放

竹下は、「親殺し」の汚名をはねのけ、その数の力をバックにして、幹事長に就任し、その立場から中曽根政権を助けて貢献した。それが結局、中曽根から指名を受けて総裁に就任を果たすことにつながったのである。

竹下が自民党総裁の指名を受けるとき、中曽根にやはりかなりの献金をしたとも憶測されている。ライバルの安倍晋太郎の提示した金額よりも、竹下のそれの方がはるかに上回り、それで勝負が決まったとも言われている。

これらの噂が、どこまで真実かは、証拠のないことでもあり、安易に断定はできないけれど、ありそうな話ではある。

このように、死闘を繰り広げられるかどうかが、天下盗りを果たせるか否かの分岐点となっている。政権をめぐって執拗に戦い続けられるかどうか、その戦意と戦闘の継続が、天下盗りの重要な条件の一つである。

創政会の旗上げの切り込み隊長となった小沢は、クーデターに成功した日の夜、自室で一人泣き明かしたという。そして、

「オヤジの恩に報いるには、竹下を立派に総理大臣にすることしかない。自分もオヤジの教えを生かして大成しなくてはならない」

と、心のなかで誓った。

思えば、田中の言葉を信じながら、田中の政権欲のために犠牲にされた政治家の末路は哀れだった。

田中は、政治の表舞台における自らの政治的復権を図りつつ、身代わりを表の首相に立てることによって、怨念を晴らし続けたのである。その間、自派内に総理総裁候補たり得る人材を多く抱えていながら、実権を失うのを恐れて、自前の候補者を立てることを嫌った。

このため、二階堂進をはじめ、竹下登や山下元利といった有力政治家が、いたずらに時間を空費させられた。そこで業を煮やした竹下が、金丸と謀ってクーデターの強硬手段に出たのだが、あくまで忠誠を誓っていた二階堂や山下は、田中の下に留まったために、末路が余計に哀れなものになった。病床の田中は二階堂に、

「中曽根君の次は君だ」

と、よくは聞き取れない言葉でお墨付きを与えた。その言葉をひたすら信じて、二階堂は、中曽根政権の後の政権を求めて、お墨付きを持ち歩いた。だが、誰からも相手にされなかった。

山下は、田中に可愛がられながら、もともと自前の子分を持っていなかった。

「税制通のガンちゃん」

と多くの人から愛されながら、その下に馳せ参じてくれる政治家がなく、総理総裁候補からはますます遠い存在になるばかりだった。

田中の政治生命が絶たれた後、竹下派の実力者・金丸が、田中に代わって影の首相のような

役目を担うようになった。

中曽根に巨額のカネを支払って政権を買い取った竹下は、政権の実現によって、裏の首相と一体となって政治を行うことができるようになったのである。

幹事長のポストは、「竹ちゃん、安倍ちゃん」と呼び合うほどの親友であり、次期総理総裁と目されていた安倍晋太郎に渡し、政権を支えてもらうことにした。

ここでは、竹下派が政府と党の権力を独占するのではなく、党内二大派閥が、「総理総裁・幹事長」を仲良く分け合う形が実現した。田中政権崩壊以来はじめて、院政からの影響を受けない幹事長ができ上がったのである。

その意味で、安倍の幹事長就任は、自民党が田中、三木、福田各元首相による怨念政治から解放されたことを物語っていた。

「怨念によって自民党を混乱させるのはもうやめよう」

と約束し合い、世代交代のために協力してきた竹下、安倍が、政権を担うこととなった。

●「マドンナ旋風」が吹く

しかし、田中派以来、やっと総理総裁を出した竹下派は、またもや「カネ」によって失脚する結末となった。リクルート疑獄事件が、命取りとなるのである。

「消費税導入」を実現させた竹下政権は、「リクルート疑獄事件」が発覚し、国民から厳しい批判を受けて退陣に追い込まれた。

田中角栄同様、志半ばにしての退陣だったために、竹下は、退陣後も政権に恋々としていた。そこで再び政界は「怨念政治」に逆戻りすることになる。

自派から総理総裁候補を出せなくなった竹下は、恩師である田中と同様に影の首相として「院政」を敷く。ここで、裏の政界に二人の影の首相が相並ぶことになった。金丸の存在である。キングメーカーであり、政権の死刑執行人が二人いることになって、自民党政治は、いささかややこしくなった。親戚同士とはいえ、二人の老人がお互いに張り合うようになったからである。

リクルート疑獄事件では、竹下が、逮捕・起訴されたわけではなかったので、その気になって望めば、竹下政権の復元の可能性はまだ残されていた。実は竹下退陣の際、竹下は伊東正義、坂田道太、宇野宗佑に打診したが、当初は皆から断わられていた。

一方、金丸は本来なら小沢を推薦したかった。だが、まだ幹事長や主要閣僚を経験していないことから諦めた。金丸は伊東、坂田はおろか宇野にも不満を持っていた。

結局、宇野宗佑が竹下の要請を受けて、平成元（一九八九）年六月二日に首相に就任した。そのわずか一か月二十一日後の同年七月二十三日、参議院議員選挙が行われることになっていた。

ところが、宇野首相が就任した三日後、サンデー毎日が、いわゆる「三本指事件」を暴露（鳥越俊太郎編集長の歴史的大スクープ）したことである。「一本十万円」で〆て三十万円で、宇野首相が芸者を買い上げたのがバレ、世の女性軍が自民党の敵に回ったのである。この年の流行語大賞が「セクシャルハラスメント」だった。ちなみに、宇野内閣の防衛庁長官が、後に女性問題を引き起こし、週刊誌に狙われる山崎拓だった。

自民党にとってまったくの逆風だった。これが土井たか子委員長率いる社会党にプラスに働いて「マドンナ旋風」が吹いた。

当時の幹事長は橋本龍太郎だった。宇野首相には応援演説の依頼はほとんどなく、応援に行こうとすると逆に断わられるといった始末だった。ところが女性に絶大な人気を誇る橋本には、全国津々浦々から依頼が殺到し、橋本は大忙しの毎日となった。

しかし、この選挙は結果として大敗北に終わってしまった。参院での保革逆転という、これからの政局運営にとって大変面倒な足かせを嵌《は》めることになってしまったのである。

開票がすすむにつれて、小沢の予想は的中していった。次第に曇っていく宇野首相と橋本幹事長の顔。開票がすべて終わった時、橋本は針の山に登るような沈痛な気持ちで、苦痛に歪んだ顔を関係者の前にさらけ出した。社会党が大勝し、与野党が逆転した。これ以後、自民党は参議院で過半数割れ状態がずっと続くことになる。

その敗北を、冷ややかに見つめている男がいた。田中直伝の選挙戦術を身につけたその男こそ小沢であった。

「橋本のような、あんなやり方では勝てるものか。こんな逆風の時にこそ組織力と金が物を言うんだ。キレイなスタイルで臨んでも、結果は目に見えている」

●「宇野政権を作って失敗したのは竹下だから、もう口出しするな」

宇野政権は平成元（一九八九）年八月八日、崩壊した。女性スキャンダルで威信を落とし、それが尾を引いた形で参院選での自民党の大敗北をもたらした責任を取り、宇野首相が退陣したのである。

宇野首相の後継者選びの際、金丸は竹下をどなりつけた。竹下が後継総裁について思うところを述べたとき、金丸は、

「宇野政権を作って失敗したのは竹下だから、もう口出しするな」

となじった。

ところが、そこへ、竹下・中曽根が金丸には内緒でひそかに会談していたことが発覚してしまったのである。竹下はリクルートで退陣したが、まだまだ脂ぎっていた。最高顧問に就任はしたが「折あらば再登板を」と狙っていた。

そこで金丸や、同じく積極的な世代交代論者の小沢らが総理総裁の大正世代への逆戻りを必死に食い止めようとしていたのに対し、竹下は大正世代に留めようとした

●「あなたを総裁に推せない」

ポスト宇野の最有力候補として、橋本龍太郎の名前があがった。

小沢一郎の最大のライバルである。ライバルとは政治家の場合、それは単なる競争相手とい

うものではなかった。

権力を目前にした人間の競争は、単なる「競争」を超えた血みどろの「闘争」となる。水面下で静かに、しかし熾烈に行われるのが政治家の闘争である。

橋本は甘いマスクとは裏腹の向こう気の強さと、政界一の政策通と言われる切れの良さが持ち味で、四十一歳にして大平内閣の厚相に就任したときには、当時の武見太郎会長率いる日本医師会と厚生省の断絶状態解消という大仕事をやってのけた。「風切り龍太郎」のあだ名よろしく、武見会長を膝下に屈伏させてしまった。

風下には立ちたくないというその性格を批判する人も多かったが、そんな性格だから、強い小沢と、うまくいけば良き友人・同志となり得るし、悪くすれば犬猿の仲となる。ところが、泥にまみれるような仕事はしたくないという橋本の性格を、小沢は嫌っていた。そして、橋本と小沢は水と油の関係となってしまったのである。

「このままでは橋本が総理総裁候補に推薦されてしまう。橋本の人気からすると、長期政権となる可能性が高い。なんとかしないとまずい」

金丸は、じっと腕を組みながら考えこんでいた。

その後継総裁として名前が挙がってきたのが、やはり橋本であった。参院選での敗北の責任は重いが、宇野政権で幹事長を務めたことは、総裁候補の大きな条件を一つ満たしたことになる。また経歴からいっても、総裁候補として十分なものを持っている。他派の候補を支援するよりは、自派から候補を出したい。そう考えていくと、橋本が急浮上することになったのだ。

この時には、橋本も本気になっていたといわれる。

小沢の方は、自治大臣は務めたものの、党三役や主要閣僚はまだ未経験だし、まだ年齢も若すぎる。当選回数ももう少し欲しい。それで今回は見合わせなければならない。

しかし、橋本が総理総裁となったときには、長期政権となるかも知れず、そうなると、「オレの目の黒いうちに小沢を総理総裁に」

という金丸の悲願は実現できなくなってしまう。それはまずいのだ。だから、何としても「橋本候補」だけは避けなければならないのだ。

そこへ降って湧いたように起きたのが、橋本の女性問題である。

マスコミに取り沙汰されるようになったこのスキャンダルは、タイミングが良すぎるので、一説には金丸が小沢に「橋本総理総裁」阻止の党内工作を、また、奥田敬和に橋本の醜聞調査を命じ、マスコミを通じて流させたと言われた。

ことの真偽はともかく、小沢は竹下派事務総長として、橋本に、

「女性問題を巡るスキャンダルもあるため、あなたを推すことはできない」

と通告している。「推す」とは、いうまでもなく総理総裁候補にである。

そのとき激しい応酬があったと言われているが、この事件で橋本は傷を負ってしまった。

「一龍戦争」のほんの一端であるが、「生き馬の目を抜くようなことをする」といわれる政治

家同士の闘いの厳しさを垣間見るようだった。

この結果、海部俊樹にお鉢が回ってきた。海部は「恐妻家」で知られており、女性スキャンダルの種がなかったのが、決め手になった。自民党は平成元（一九八九）年八月五日、総裁選挙を実施、海部俊樹、林義郎、石原慎太郎が立候補、同月八日の両院議員総会で海部を選出し、九日、海部政権が船出した。

●「あの利権屋の橋本を総理総裁にしたら、どう掻き回されるかわからん」

竹下、金丸の二人のドンは、田中から引き継いだ建設利権を主なエネルギーの源泉としていた。ここから政治資金を確保しているのだった。

建設利権は、道路からはじまって河川、ダム、住宅、都市計画など、建設に関するものすべてを包含している。公共事業に関する国家予算から、建設省の人事まで掌握しているのが、金丸だ。建設官僚たちは、以前は、東京・目白に田中詣でをしていたが、そのころは、東京・元麻布の金丸邸詣でをしている状況だった。

竹下、金丸の二人のドンは、ともにこの建設利権をガッチリ抱え込んでいた。とくに金丸は、この利権を小沢に相続させるつもりでいたのであった。

小沢は、自治相を務めて以来、公共事業の予算配分に影響力を持つようになり、地方レベルで建設利権と深くかかわり合っていた。

地方の公共事業に力を及ぼそうという発想は、昭和四十七（一九七二）年十二月に小沢が、二度目の総選挙を戦ったころから芽生えていた。

のちに小沢は、

「地方の時代には、地方分権しなければならない。中央官庁が握っている許認可業務を、地方に委譲すればいい。そうすれば、地方団体の行政改革にもなり、合理化にもなる」

と主張した。そうした考え方の延長線上で、公共事業の予算配分に関する方法論が浮かんでくる。

「単年度で予算配分するのではなく、全体計画が決まれば、補助金などは一括して交付するように変えていく。それによって三割自治が解消されて、地方の自主的な運営が拡大する」

と説いたのである。

建設利権は、自治省とも関連して、地方の公共事業に影響を与えていた。竹下・金丸と小沢は、少なくともこの線では一体となっていた。

平成元（一九八九）年夏、宇野首相が退陣した後の新首相を誰にするかを巡って、橋本龍太郎の名前が浮上したとき、キングメーカーの金丸が強硬に反対した。

永田町では、

「金丸は、橋本が好きではないから、橋本を首相にするつもりはない」

という解釈が流れたが、真意は別のところにあった。それは、建設利権だった。金丸は、橋本が首相になると建設利権が侵されると警戒したのだ。

金丸は、

「あの利権屋の橋本を総理総裁にしたら、どう掻き回されるかわからん」

と内心思ったに違いない。その点、海部首相は、金丸の利権を侵す心配はなかった。

それ以上に金丸は、

「オレが目の黒いうちに小沢に総理総裁になって欲しい」

と日頃からつぶやいていたが、それは、建設利権を心配してのことでもあった。

建設利権を相続できれば、小沢の政治的パワーは、少なくとも竹下、金丸並みに強力になる。

建設利権は、国際貢献の中核となっているＯＤＡ（政府援助）利権とも連動して膨張していくことが予想された。開発国の国づくりにピッチがかかれば、ＯＤＡは、国際版の建設利権となり得る。

●金丸ＶＳ竹下の「代理戦争」

竹下の長女・一子と金丸の長男・康信は夫婦である。小沢は田中元首相の仲介で、田中系の建設会社の社長令嬢・和子と結婚した。そして竹下の実弟・亘は、この和子の妹・雅子と結婚し、竹下と小沢は縁戚関係で結ばれていた。

そこで本来なら「金竹小」の三者が固く結ばれて経世会を同族で経営するということになる

のだが、そううまくはいかないのが政治家の世界だ。

竹下と金丸の間には、康信が金丸の後継者となるという約束があった。それを折り込んだ上での康信と一子の結婚であった。ところが金丸が、竹下との間が怪しくなったことで嫌気がさし、康信を捨てて次男の信吾を後継者にしたことから、竹下の金丸に対する不信が募っていったのである。

これに金丸夫人・玲子と竹下夫人・直子のいさかいが火に油を注ぐ形となった。ファミリーの確執がそのまま政治の世界に反映されてしまったとも言える。

さらに本人同士の対立もある。「金竹」の間に何かと軋轢が生じて亀裂ができ、金丸・小沢VS竹下という形となり、竹下側に一龍戦争の影響で橋本が加わり、そして金丸・小沢VS竹下・橋本という図式が完成していったのである。

●「小沢を総理総裁とし、自分はその背後で絶大な影響力を発揮しよう」

金丸と竹下の経世会での権力争いは、「一龍戦争」をさらに激化させる大きな原因の一つとなった。一龍戦争そのものがそこから起きたわけではないが、金丸・竹下の関係が一龍戦争に大きな影響を与えているのは事実であった。

竹下と金丸は「経世会のオーナー」と「会長」という役割を分担していた。金丸はこの関係を、

「オレは雇われマダムだ」

と表現していた。

金丸と竹下の確執の原因に、金丸は世代交代論の旗手であり、竹下は依然として政権に対し未練を持っているというスタンスの違いがあった。

金丸は自分が政権を担当しようという気はまったくなかった。それどころか、「小沢を総理総裁とし、自分はその背後で絶大な影響力を発揮しよう」という気でいた。

ここに、金丸・竹下の基本的な対立の原因が潜んでいた。小沢は、この金丸・竹下すなわち「金竹」と縁戚関係にある。政界に限らずどこの世界でも血の繋がりは強い絆となるが、政界においては特にその傾向が強かった。この竹下と、金丸・小沢ラインの確執に、一龍戦争が加わり、橋本が竹下側に付いた形となっていたのである。

●「選挙に勝つことが自分の使命である」

平成二（一九九〇）年二月十八日の第三十九回総選挙でも依然としてリクルート風は吹き止まず、参院選同様の大敗北が予想された。野党の意気は高かった。

「参院選の時のように、今度は衆院でも保革逆転を」

と腕をまくっていた。ところがどっこい、今度の幹事長は田中の秘蔵っ子と言われた小沢が就任していた。ケンカの仕方は十分知り尽くしている。

「橋本よ見ていろ。これがオレの必勝の選挙運動だ。選挙とは――こうして戦うものだ」

かくて、凄まじい金権選挙、企業ぐるみ選挙が展開された。

選挙は、国民にとっては自己の意見を国政に反映させるための唯一の機会だ。しかし、政党や政治家にとっては、食うか食われるかの闘い、ケンカにほかならない。ケンカに勝つには、こじつけでも何でもいいから、まずそのケンカの正当化が必要だ。折しも東欧情勢が揺れ動くなか、小沢はこの総選挙でまず、「自由主義か社会主義か、体制の選択」という呼びかけを国民に対して行った。これは、現実的にはわが国ではありえないことであるが、時節がら国民の側に「危機」という錯覚を起こさせることとなった。この正当化がもたらした錯覚こそ、自民党に吹いていた逆風を順風に変える主因となった。

橋本にはこれができなかった。ただ自分の人気に溺れ、闘いに勝つ戦略を立てることを忘れていた。

次に、闘いに勝つには十分な武器、つまりカネが必要だ。この点に関しても小沢が約三百億円と弾いていたのに対し、橋本は特に意識していなかった。

小沢の集金作戦は徹底していた。国民政治協会と経団連からの通常の政治献金では負けてしまう。そこで小沢は、経団連の頭越しに各業界に交渉した。

これは、

「献金の窓口は経団連一本である」

という従来の了解事項を踏みにじるものだったが、小沢には、

「自由社会を守っているのが自民党なんだから、その恩恵を受けている企業が自民党を応援するのは当然だ」

という信念があった。これは多国籍軍のイラク侵攻時に、超法規的措置による現役自衛隊員のＰＫＯ参加を主張したことと一脈通じていた。

「キレイなことしかやれない」

といわれる橋本に対し、小沢は、正しいと思ったらどんなことでも即行動に移す。

たとえばマスコミで、家電製品の物品税の一時復活を主張した記事が書かれたが、これは企業献金を促すために小沢が仕組んだと言われている。こうと思ったことはやり通す小沢流の真骨頂と言えよう。さらには選挙のために人や自動車、事務所用の機材まで企業に手配させたというから、その徹底ぶりには驚かされる。

歴代幹事長のなかでも、これほど「勝つ」ということにすべてをかけた幹事長はいなかった。

そしてまた、

「選挙に勝つことが自分の使命である」

とこれほどハッキリ認識している幹事長もいなかった。

「ただでさえリクルート風で闘いにくい。加えて社会党はマドンナ作戦で味をしめている。勢

いに乗っている、社会党に勝つには、常識的な作戦しか立てられない者ではだめだ。汚れ役を引き受けられる者、腹をくってケンカのできる幹事長でなければならない」

という竹下・金丸の願いを十分熟知している。恫喝と言われようが、どんな批判を受けようが、勝たなければならない。

橋本にはこれがなかった。選挙に「勝ちたい」とは思ったかもしれないが、「勝つ」という姿勢が足りなかったのである。

「さて、札もそろった。あとは本番を待つだけだ」

と準備万端整えた小沢がまず手を打ったのは、公認調整だ。党総務局長時代に蓄積したノウハウが役に立った。

まず、第一次の公認を、二百七十人の現職に、第二段階として新人・元職五十三人に第二次公認を与え、計三百二十三人の公認候補を立てて選挙戦に突入した。

ここで目を引くのが追加公認の与え方だ。各派閥からは次々と追加公認を要請して来たが、小沢はこれを頑として拒否した。

「情勢を無視して追加公認を与えることは、選挙戦を敗北に導くことになる」

だから小沢は、

「公認したために、自民党の議席数を減らすような可能性のある場合は、公認してはならない」

という方針を徹底し、共倒れがないように配慮しながら追加公認を与えたのである。こうして無秩序な公認の与え方を避けた結果、追加公認での当選者は十人にも上ったのである。

こうして自民党は、小沢幹事長の采配する総選挙で勝った。逆風を順風に変え、情勢を見ながら的確な指示を与えた小沢は、野党に対して勝ったと同時に、宿敵橋本に対しても勝利を収めた。

これで、華麗な経歴と当選回数が二期多いという橋本のリードを帳消しにし、竹下派の総理総裁候補の筆頭に踊り出たのである。

●生い立ちの違いが政治姿勢に

「一龍戦争」の実相を見ていくとき、そこに橋本と小沢の違いというものがはっきり見えていた。これは両者の生い立ちの違いにあった。

人の素性を決定するのは氏か育ちか。

もちろんそのどちらも否定しがたい。狼に育てられた少年が保護され、人間社会に溶け込むことができるよう教育を受けたが、その少年は教育の甲斐もなく、ついに幼児のような頭脳のまま十数歳で死んだという話がある。

人の素性もまた同じことが言えるとすれば、一龍戦争の場合にも、その両者の育ちの違いを知らなければ、その本質を理解することはできない。そこで簡単にこの点に触れておこう。

「自分の道は自分で拓け」

これが小沢の座右の銘である。

それに対し橋本は、

「初心忘るべからず」

である。

小沢の攻撃的な性格に対し、橋本の汚れ役をあえてやろうとはしない消極的な性格という、対照的な二つの性格がそのまま出ていて面白い。この性格の違いはどこから出てきたのか。

小沢は攻撃的性格であるというが、ただ単に腕っぷしが強いとか、行動力があるというだけの単純な武闘派とは違う。

知略、謀略に長け、合理主義者、冷徹などといわれる小沢の真の怖さは、何をされるか分からないということにあったのである。

一方、橋本は派内ではキザだとか、威張るなどといわれるが、その辺の怖さはない。

「三つ子の魂百まで」

という言葉があるが、どのような家庭環境に生まれてきたかによってこのような性格が身に付いたのであろうか。

「乱世の小沢」

とよくいわれるが、乱世に強い性格はどのように形成されたのであろうか。

小沢の育ちについては第一章で詳しく紹介しているのでここでは省略するが、子供の頃の父親と別居の寂しい生活、そして二度の受験の失敗、父親との葛藤が、座右の銘「自分の道は自分で拓け」に繋がっていることを確認しておこう。そしてこの育ちこそが、ともすれば傲慢と批判されがちな、政治家としての姿勢に直結するのである。

橋本の方はどうだったであろうか。

父・龍伍は東大法学部出身で吉田、岸内閣で厚相、文相を務めた政治家。母・マサは元衆議院議員の若宮貞夫の四女で、日本ユニセフ協会の専務理事として活躍した。まさに華麗なる一族だった。

戦雲広がる昭和十二（一九三七）年七月二十九日、東京の渋谷に生まれた橋本は私立麻布中、麻布高、慶応大学法学部政治学科に進み、小沢と同じように父の死により二十六歳で後継者として政界入りした。いわゆるエリートコースである。

そしてこの「お坊っちゃん育ち」からくるいい格好好みこそは、小沢が、「格好ばかりつけて汚れ役を嫌い、いやなことは何もしないいじゃないか」と厳しく批判する点であった。

育ちといえば、政治家としての育ちにも触れなければならない。

橋本は四十一歳の若さで大平内閣の厚相に抜擢されている。若いといっても、二十六歳の初当選から考えると、当然と言えば当然であった。以来、中曽根内閣で運輸相、宇野内閣で党幹事長、そして海部内閣では蔵相と、華々しい経歴を積み上げてきた。

他方、小沢を見ると、建設政務次官、国対副委員長、衆院議運委員長、党総務局長とひたすら陽の目を見ないところを転々としてきた。第二次中曽根内閣でようやく自治相として入閣したが、その後は再び幹事長、経世会会長代行と、党務、閥務が続いていた。

橋本の華々しさを明とすれば、小沢のそれはまさしく暗だった。

しかし、建設政務次官時代には田中角栄が牛耳り、その後は七対三の割合で金丸、竹下が独占しているという建設利権の一角に食い込み、自治相時代には地方政治に精通、特に選挙管理委員会を通じて得た情報で選挙のノウハウに精通、警察情報も入手できる立場に立った。

田中から学んだ、力による政治を実行できる力を持っているのは、小沢だけである。

その力に対する自信。これは仕事をするうえで、特に指導者には必要不可欠のものだ。

だが、その表現の仕方に気をつけなければ、敵を多く作ることになる。特に先輩に対してはそうだ。

●「人事の原則」

海部内閣の幹事長ポストをめぐっても一波乱があった。

小沢の起用を主張する金丸に、今度は竹下が若すぎるとして文句を付けたのである。

まだある。金丸は参院選の敗北の原因について、消費税のせいにした。

ところが、この消費税は、竹下にとっては、大平、中曽根両内閣を通じても導入できなかったものを、政治生命を賭けてまで成立させたものだった。そこまでして成立させた消費税を金丸は批判し、事も無げに見直し論まで吐いたのである。まるで前線の兵士が背後の味方から銃撃されたようなものだ。

この金丸発言に怒り心頭に発していた竹下と、消費税に対し竹下に近い考えを持ち、「ミスター消費税」と言われるほど熱心に消費税の必要性を説いて回った橋本が、一龍戦争の絡みもあって結びつくこととなったのである。

では、竹下は小沢をどう見ていたのだろうか。まったくの反小沢、親橋本なのか。

先にも触れたように、金丸と竹下と小沢は基本的には血縁関係で結ばれている。だから橋本と小沢では小沢を支持したいというのが本音なのだ。ケンカの仕方を知っている小沢を高く評価もしている。世代交代論と再登板論の違いがなければ、間違いなく小沢支持となろう。

ここまでくると小沢と橋本の勝負は決まったようなものだが、それでもことはそう簡単にはいかないのである。

組織運営と個人の感情では、組織運営を先にしなければならない。まして竹下は、竹下派経世会のオーナーである。いやがうえにも組織を大事にしなければならない立場に立っているのである。組織の運用の要は人事である。

「人事の原則」

これを誤ったときには、組織の崩壊を招く。人事の基本は年功序列である。この年功序列という人事の基本的ルールを無視すると、特にわが国の社会では、体制と秩序が狂ってしまう。まかり間違えば、組織の破壊にもつながりかねない。

年功序列という視点で見ると、橋本は小沢よりも当選回数が多く、年齢も上だった。これは無視してはならない絶対的事実であった。経世会という組織を運営していくには、この年功序列制に私情をさしはさみ、

「橋本はもういいから小沢でいこう」

などと安易に事を運んではならなかった。

そこに「一龍戦争」が長期化する一つの要因が隠されていた。竹下としては、いかに気持ちのうえで小沢に近く、その力を大きく買っていたとしても、橋本を立てざるを得なかったのである。

●人気の橋本、実力の小沢

「色男金と力はなかりけり」

という諺は、いつの時代にも通用するらしい。一龍の場合も、力はないが国民に人気抜群の橋本と、力はあるが、信頼されているのは〝党と財界からだけ〟の小沢という図式になっていた。

小沢と橋本の勢力バランスはどうなっていたのか。

小沢の後見人でもあった金丸は、政界引退必至と見られていた。となれば、小沢の派内での立場も、それまでとは大きく変わってくる。ただし、小沢はすでに若手を中心に、二、三十人ほどのメンバーを確保していた。

これに対し、橋本も同数のメンバーを抱えているとひいき目に見る向きもあったが、性格的に親分肌ではないし、汚れ役はやらないという姿勢から、いざとなったら一人もついてこないのではないかとも言われていた。

小沢は、自治相を勤めたことで警察関係にも強く、地方政治に強い影響力を持っている。これは強い。地方の議員を動かして自分の息のかかった者に大臣のポストさえ与えることができるとすれば、そのうま味についてくる議員はうなぎのぼりとなろう。

政治家の付き合いは所詮、利害関係の付き合いである。橋本自身にカネがあっても、面倒を見てくれなければ誰もついてくるはずがない。

橋本は厚生族、運輸族議員であり、その方面の利権を得ているから集金力もあるだろう。だが総選挙で見せた小沢の集金力や手腕に比べれば、到底比較できるものではない。

橋本と小沢では、もう実力的には勝負はついてしまっていたと見ることができた。もちろん政治情勢がどう変化するかという不確定要因もあることから、橋本にもまったく目が無いとはいいきれなかったのだが。

小沢には健康面での不安、とくに心臓疾患を抱えているというマイナス点があった。しかしこれとて退院当初は本人も不安を抱いていたものの、体力が回復するにつれて自信も回復してきていた。橋本との先陣争いが、これからの政局において熾烈に展開されることは必至だった。金丸・小沢陣営は、小沢の健康問題以外の不安要因も抱えていた。金丸は先にも触れたように、高齢に加え糖尿病などの爆弾も抱えており、引退説も囁かれていたのである。だから、「小沢を早期に総理総裁に」とはやる心を抑えることができない。自分が引退した後のことを考えると、竹下派内に早く小沢の基盤を作っておかなければならなかった。

他に総裁候補としては小沢系の奥田敬和と小渕恵三、渡部恒三、梶山静六の竹下系などもいるが、小沢、橋本の比ではない。とするとやはり、小沢VS橋本、この一騎討ちにならざるを得なかった。いやいや、まだ一人いた、竹下が。

しかし、いかに剛腕とはいっても、連戦連勝とはいかない。小沢は、平成三（一九九一）年四月八日の東京都知事選挙で敗北し、鈴木俊一知事降ろしに失敗したあげく、その鈴木が当選したため、自らの責任を取って幹事長を辞任、竹下派の会長代行に就任した。

それに追い討ちをかけるように小沢は、同年六月二十九日、狭心症のため四十日間入院したのである。同年八月、四十日間の入院生活を終え、帰ってきた小沢を待ち受けていたのは、竹下再登板のレールであった。

そこで慌てた小沢は、一度は海部再選の線でこれに対応しようとした。ところが海部が解散問題でつまずいたため、急遽海部を切り、宮沢路線に切り換えたのである。

宮沢政権発足当初、金丸と小沢が狙っていたのは、渡辺美智雄に一度振り、次に小沢という路線だった。副幹事長に渡辺派を入れ、渡辺を副首相格の外相に起用したのは、その含みがあった。小沢は体力の回復にも自信を得たため、次を狙っているともいわれていた。そして何としても阻止したいのが竹下再選なのだ。

同一派閥から続けて総理総裁を出さないという不文律が自民党にはある。竹下が首相に返り咲くと、小沢の登板が遠のくからだ。一龍の闘いから、竹下VS小沢の闘いに変わっていたのである。

竹下は、できれば「復権」したいと思っていた。田中が竹下への禅譲を渋ったように、竹下も派閥を手放す考えはなさそうだった。

竹下にとって一龍双方の潰し合いは、小沢に権力が集中するのを抑えるのに役立つ。そしてこれこそが竹下の願いでもあり、再登板にも好都合なのだ。

小沢と橋本がともにバランスよく勢力が拮抗することで、竹下は派閥の大将でいられたのだ。しかし小沢の勝利に終わりつつあるとすれば、竹下との派内の主導権争いがふたたび激化してこよう。

田中の元で雑巾掛けを十年も強いられてきた「おしん」竹下が、簡単に首相再登板を諦めるわけがない。この竹下と小沢の闘いがどう決着がつくか。一龍戦争再燃を含め、注目された。

●「橋本に総理総裁になってもらっては如何でしょうか」

「人の風下に立つことなどまっぴら御免だ」

橋本は小沢が気に障って仕方がなかった。ところが、この「一龍戦争」に変化が出てきた。犬猿の仲と目されていた小沢と橋本の仲が修復されようとしていた。小沢は、

「橋本に総理総裁になってもらっては如何でしょうか」

と金丸に推薦するほど折れて見せたのである。ポスト宮沢をにらんで各陣営の動きが激しくなる政局において、はたしてこの言葉を実際に発することができるかどうか疑問視された。だが、小沢が橋本総理総裁案を金丸に進言するという「珍事」が「発生」したのだ。

これはその言の通りに受け取れば、まさしく以前のしがらみを捨てて、これから協力していこうということになる。つまり、関係を修復しようという動きが出てきたということである。

しかし「一龍戦争」はこれまで見てきたように、小沢の事実上の勝利に終わりつつあった。ここで一龍の闘いが終わることで、次に誰が小沢のライバルとなるのか。また小沢が総理総裁となれば、誰が一番困るのかを見ていくことで、「一龍戦争」でだれが漁夫の利を得たのかが分かってくることになった。

●第三の勢力——羽田、小渕

一龍の闘いから竹下、小沢の闘いに移り、そっちの方に国民の視線が集中していた。だが、その闘いに目を奪われていると、穴馬を見逃すことにもなっていた。

ちょっと見回すと、羽田がいた、それに小渕もいた。

羽田孜は財政運営は素人だったが、蔵相経験で経済官僚の〝手の内〟を知っただろうし、日米農産物交渉など農政を通じての国際人脈も豊かであった。一龍のように激しい個性もないし、問題もない。乱世の小沢とすれば、平時の橋本、そしてこの二人でまずければ羽田となる。「漁夫の利」を占める可能性の一番高いのが羽田だったのである。

ここに羽田が浮上してくるチャンスがあり、加えて「羽田の持ち前の庶民感覚」も魅力だった。

羽田の政治資金は、平成元年の党内十位から、同二年には党内では六位にランクされていた。そのあたりからも、羽田にも将来の可能性は十分にあると見られていた。

他はどうだったであろうか。

小渕は、幹事長経験者といっても粒が小さかった。となると、やはりこの三人に竹下自身ということになってくる。

もう一つ、この三人で決まらない場合、橋本、小沢と、小渕・羽田の三グループに分裂する可能性も残されていた。だが、これははっきりいって可能性は薄かった。小沢も橋本も竹下も金丸も、数の論理の田中派・竹下派で育ってきた。数の力の凄さを知っている。簡単に派を割ることはありえないと考えられていたからである。

しかし、もしこの三グループに分裂するとすれば、そのときには本格的な派閥再編、そして政界再編が始まる。流動的な派閥模様のなかで、果たして小沢か橋本か、竹下か羽田か、注目を集めるところだった。

●政治家に負わされた宿命

金権体質が最も露骨に表れ、カネのみで結びついているといってもよい竹下派は、カネ持ちのダーティさと運命を共にしているところがあった。

カネ自体が汚いわけではないが、カネが集まるのは、様々な利権に最も近いところにいるからだ。それだけに、危険と隣合わせにいる政治集団とも言える。

三木、河本派がこれまでクリーンさを売り物にして、自民党がピンチのときに政権にありつくことができたのは、利権を手に入れようにも他派閥に阻まれて餌にありつきにくい立場にあったからである。

海部政権の後を引き継いだ宮沢首相にしても、リクルート疑獄事件に関係した政治家の一人だったが、国民やマスコミの物忘れの良さが幸いした。

竹下が政権を全うできなかった怨念は、幹事長ポストの独占という形で表れていた。総理総裁候補者を出せない以上、最大派閥としては、幹事長ポストを手にして実権をふるうしかない。

しかし、竹下派は、誰からも後ろ指を指されることのない総理総裁候補者をすでに擁していた。小沢である。

「再び政権に戻りたい」

という竹下の強烈な政権欲と戦いながら、いかにして小沢政権を築くか。これが、小沢に課せられた課題であった。

竹下政権づくりのために田中に対してクーデターを起こしたときのような哀しい行動は取りたくない、と小沢は思っていたであう。

だが、親戚であろうとなかろうと、自らの政権欲を実現するためには、恩義のある竹下でさえ乗り越えて行かなければならない時は、間もなくやってくる。

日本に有力な政治家が少ない以上、その重責は、小沢自身が担わなければならないからだ。

政権盗りは、禅譲で行われるのが、最善であろう。だが、時と場合によっては、持ち前の剛腕をふるってでも、政権を奪取しなくてはならない。それが、政治家に負わされた宿命というものであった。

第4章　政治改革に賭けた剛腕

●「We must change」

イラクが平成二（一九九〇）年八月二日、突如、クウェートに侵攻した。このとき、自民党幹事長の小沢は、対応の鈍い海部俊樹首相を一喝した。

「何をしているんだ。のんびり休んでいる場合か」

海部首相は、夏休みをとっていたのである。

平成三（一九九一）年一月十七日、「湾岸戦争開戦」のニュースが電撃のように世界中を駆け巡っていたとき、首相官邸で日本の対応についての首相談話が検討されていた。その際、小沢は煮え切らない海部俊樹首相の談話のなかに、一存で自衛隊派遣をつけ加えさせた。

「人道上から、自衛隊機の使用を検討する」という一行だった。小沢は、戦争の勃発によって発生する戦争難民の救援を、日本も求められると考えていた。

「難民救援に協力しなかったら、日本は世界の世論の風当たりをまともに受けなくてはならなくなる。それに対してどう対処するのか」

世界から恩恵を受けて生きている日本が、いざというときに逃げることができるのかという考えだ。これに対して、平和主義者だった三木武夫を師匠とし、自衛隊の海外派遣をあくまで嫌う海部首相に対して、

「党の言うことを聞け」

と言って、ねじ伏せたのである。

小沢は、国会における「数による力の論理」と、冷戦構造崩壊後の混沌とした国際社会のなかでの「国際協調の論理」という二つの論理によって、社会、共産両党などを剛腕で捩じ伏せるのに成功した。まさに、剛腕政治家の面目躍如たるものがあった。これからの日本の身の処し方について、民放テレビの番組で、自分の好きな言葉を示して、こう煎じ詰めた。

「We must change to remain the same.（変わらずに残って行くためには、われわれ自身が変わらなければならない）」

本書の冒頭で紹介した、生き残るためには、時代に応じて変わらなければならないという意

味である。映画通の小沢が、『山猫』という映画の字幕から得た言葉だ。

小沢は、東西冷戦構造の崩壊という新しい時代状況を踏まえて、その強い腕っぷしで日本そのものの生き方を強引なまでの迫力で方向転換させようとしていたのである。

●宮沢政権を骨抜きにした「小沢面接」

小沢は一時は再起不能も囁かれたが、生還した。健康を気にしながらも、直ぐに本領を発揮し始めた。そのきわめつけが、自民党総裁戦に出馬の三候補を自分の事務所に出向かせて行った「小沢面接」であった。平成三（一九九一）年十月十日のことだった。

小沢は当時、なんと言っても、党内最大派閥の竹下派会長代行であった。しかも、会長である金丸信が、小沢に対して、

「総理総裁になれ」

と勧めていたときでもあった。

平成三（一九九一）年春の東京都知事選挙の際、後見人でもあり保護者でもある金丸信とともに、鈴木知事降ろしに立ち回って敗北し、自民党幹事長のポストを放り出した後、小沢にはあまりいいことが続かなかった。

狭心症で倒れて病院に入院した際、自信家の小沢も、さすがに落胆していた。永田町では、政治の師匠でもある田中角栄と同じ脳梗塞説まで飛び交い、

「小沢はもうだめだ」

という噂も流れた。事実、週刊誌や夕ブロイド版の夕刊誌、スポーツ紙などは、えげつない大見出しを張って、小沢を完全に殺そうとかかった。

病室の小沢自身さえ、

「俺は、もう永田町では死んだと報道されているだろうな」

と、側近にもらすほど気弱になっていた。

しかし、医療団の熱心な看病としばらくの静養の甲斐あって、小沢は、病室から運よく生還することができた。そして、自宅療養を兼ねて、政治的には鳴かず飛ばずの日々を過ごしたのである。

平成三（一九九一）年十月十日の、自民党総裁選挙のころには、少し元気を取り戻していたが、その様子を見て、金丸が、

「一郎、お前が海部の後を引き受けろ」

と打診してきた。

実質的にすっかりキングメーカーになり切っている金丸の発言は、自民党内では、神のご託宣ほどの重みがある。

だが、せっかくの幸運がめぐってきていたにもかかわらず、小沢は、固辞した。

一国の首相に就任できるチャンスなどというのは、そうやすやすとめぐってくるものではな

い。望んで簡単に得られるポストでもない。

だが、回復しているとは言っても、小沢はまだ体力に自信がなかった。家族も心配していた。

「私はまだ若い。せっかくのお言葉ですが、体力的にも激務の首相の仕事をこなすのは、今は無理です」

と、あくまで断わる小沢に、金丸は、

「政治家としてこれほどの名誉はないではないか。せっかく、俺がお前を首相にしてやろうというのだから、引き受けろ。たとえ首相の任期半ばで倒れたとしても、国に命を捧げている政治家としては本望ではないか」

と、こちらも引かない。

世代交代を提唱してきた金丸は、自分の目の黒いうちに小沢を自民党総裁の座に据え、首相にしたいという宿願を持ち続けている。これまで営々として築いてきた建設や郵政利権などの一切合切を譲り、自分は引退したいと考えている。

いかに年齢が若いとは言っても、ポスト海部の絶好の時期に小沢を首相にしたいと思うのは、当然だった。

それでも小沢が固辞したため、金丸は、嫌いな宮沢喜一を首相にすることを決めた。

●「宮沢の後は、俺が必ず引き受ける」

宮沢内閣下で、小沢は、竹下派会長代行として閥務に専念し、公職においては、無役のまま政権を支えていくことにした。

しかし、健康を回復し、元気さを増していくに伴い、小沢にはかつての自信が甦って、自分の心の中にある野望が日々大きくなっていくのを自覚するようになった。

「宮沢の後は、俺が必ず引き受ける。金丸じいさんの目が黒いうちに、俺の晴れ姿を見せてやろう」

と、心密かに決めた。

一旦決めた以上、小沢の行動は、素早い。

自分についてきてくれる政治家を増やすため、現職の政治家との関係をより深める作戦を開始した。

●「選挙の準備には、おさおさ、怠りないよう」

小沢はこのころ、衆参両院で五十人の新人を誕生させ、すでに小沢に心を寄せている百五十人と合わせて二百人前後の大勢力を形成する壮大な野望を抱いていた。

これだけの勢力ともなれば、どこから見ても〝小沢党〟である。

小選挙区比例代表制度が導入されれば、国会で圧倒的大多数の勢力を張ることも夢ではない。

小沢は、この大軍団を中核にして、政界の大編成をも狙っているように見える。

その一方で、小沢は新人発掘に全力投球することをも決めた。

次の衆議院選挙で二十人ほどの新人擁立の準備をすすめていた「漁り火の会」（東日本ハウスの中村功社長）とも接触するなど、精力的に動き出したのである。この会は当時、〝小沢別動隊〟的な存在と見られていた。

平成四（一九九二）年四月十二日夜には、竹下派の当選二回生の衆議院議員と会合した席で、こう檄を飛ばした。

「いつ解散があってもいいように、選挙の準備には、おさおさ、怠りないよう」

政治家、とくに衆議院議員にとっては、常在戦場である。

小沢は、二十一世紀の日本の政治を牛耳り、国際政治家として活躍するための自らの戦力づくりと・ポスト宮沢の国盗りという大願成就を目指して、いよいよ本腰を入れて馬力をかけ始めていた。

●望めば小沢一郎総理大臣が誕生していた

竹下登首相が平成元（一九八九）年六月一日、リクルート・コスモスの未公開株をめぐる疑獄事件の責任を取らされる形で、退陣に追い込まれた後、自ら首をタテに振りさえしていれば、首相になれるチャンスに恵まれていた。縁戚関係にあり、最大の支援者だった自民党副総裁の金丸信が、推薦したからである。つまり、小沢が望み、決断しさえすれば、自民党最大派閥の竹下派の強力な後押しを得て、総裁に選ばれ、国会での首相指名投票を経て、「小沢一郎総理大臣」が誕生していたところであった。

だが、残念ながら、小沢はそのころ、持病である心臓病を抱えて、首相という激務をこなせる状態にはなかった。このために自民党総裁選挙では、弱小派閥にいた海部俊樹を小沢のいた竹下派閥がこぞってバックアップして、総裁に選び、国会での首相指名投票により首相に選出したのである。海部と戦った林義郎、石原慎太郎は、辛酸をなめさせられた。

小沢は海部内閣の下で、自民党幹事長を務め、政権を左右する実権を掌握した。海部首相は、小沢の手のひらの上で踊る「木偶人形」にすぎなかった。「ポスト海部」を選ぶときも傲慢な態度を取った。政治家としての大先輩である宮沢喜一を党本部に呼びつけて、「面接」し、「首相に相応しいか否か」を鑑定した。

●党本部から宮沢を監視し、遠隔操作し続けていた

宮沢喜一、渡辺美智雄、三塚博の三候補は、自分の子供と年齢のあまり変わらない小沢に呼びつけられ、特にプライドの高い宮沢などはカーッときたが、グーの音も出なかった。

三人は、竹下派という党内最大派閥の「数の論理」を背景にした小沢の、言うなりに従うほかなかった。

いやでも応でも「面接」を受けて、政治信条や政策目標などを披露して合否を判断してもらい、総理総裁に実質的に任命してもらうほかない。日本の最高指導者である首相の人事権を、小沢が、握っていたからだ、

政治改革を志している小沢は、国際情勢が激しく変化するなかで、いまの日本はいかに進むべきか、そして、政治改革にいかに取り組むつもりか、などについて三人に問い質したのだった。

「自衛隊の国際災害活動について、宮沢先生はどうお考えですか」

と言った具合だ。

池田勇人の弟子でありハト派でもある宮沢が、自衛隊の海外派遣にスンナリ賛成するわけはなかった。

それでも、その宮沢はしたたかだった。あの爬虫類のようなベトついた笑いを浮かべながら、

「……努力しますが」

と答えさせられてしまったのである。これも、首相になりたいという欲望がなさせた仕業だった。

小沢は、金丸と同様、宮沢が嫌いだったが、政界でのキャリアや見識、国民的人気、派閥の構成員数など、党内の力学といった諸要素を緻密に計算したうえで、結局、宮沢を選んだのである。

「若造がなんだ。先輩に向かってなんたる傲慢」

などとごうごうたる批判の嵐に遭ったが、本人は内心はともかく、表向きは、ケロッとしていた。

小沢は、先輩への「面接」で、相手を飲み込み、実質的に凌駕する立場を誇示したのである。

宮沢内閣が誕生したとき、竹下派は、重要閣僚を独占した。

竹下、金丸の力をバックに、小沢は、閣僚人事において主導権を握り、宮沢政権を実質的に竹下派の傀儡政権として無力化するのに成功した。小沢のお眼鏡にかなった宮沢は、総裁に選ばれ、宮沢内閣を組むことができた。だが、小沢は党本部から宮沢を監視し、遠隔操作し続けていた。

●政界の頂上に向けて浮上しようとしていた

小沢は師匠である田中角栄から、政治の「帝王学」をじきじきに学んだ男である。ロッキード事件で、マスコミや国民からの厳しい批判を受けながら公判に立つ田中の姿を、小沢は一度も欠かさず見守ってきた。

だから、少々の批判や非難にはビクともしない。

そうした田中の熱情を精神的なバネにして、小沢は、自らの政治信条と政治目的に忠実に生き、日本の政治を誤りなき方向に誘導しようと懸命だった。

もともと裸一貫の田中が政界の闇将軍へとのし上がっていったように、小沢も総理総裁という政界の頂上に向けて浮上しようとしていた。

●「小沢調査会」を設ける

日本の生き方を変えようとした場合、必然的に逢着するのが、憲法であった。後述するが、小沢は、日本国憲法に真っ正面からぶつかって検討に着手した。これからの日本のあり方を考えて行こうというものだ。名付けて、

「小沢調査会」

と称した。いわゆる政策を構想する研究会などとは性格を異にしている。憲法改正をも念頭に入れ、国家の基本的な枠組みからはじまって、政治改革や選挙制度、地方行政制度の改革、教育改革、国連軍参加問題まで射程に入れた調査会であった。

「波風が立とうとも、これらの問題に取り組んでいく」

とこれまた、強引なのであった。凄腕でこれらの問題を料理しようという企図だった。

東西冷戦構造下での戦後の半世紀、日本は、経済活動のみに専念していればよかった。つまり、国民のエネルギーと創意工夫を出来るだけ引き出し、それらを上手に調整して行くことで済んだ。

しかし、これからの日本の生き方は、違う。どう違わなければならないのか。小沢は、こう

言った。

「国際政治のなかで自立して自らの意見を言い、自ら行動せよという要請が強くなってきている。いままでのように丸く丸くということでは済まなくなってきている。日本人自身もある程度、リーダーシップを発揮するとか、自己主張をきちんとして、自分の発言に責任を持たなくてはならない時代になってきたのだ」

すなわち、日本の伝統的な処理の仕方である「まあまあ主義」で国際社会を生きて行こうとしても、通用しない。

対立する利害を「足して二で割る」ような「調整型」のコンセンサス社会は、日本人が長い歴史のなかで築いた日本型の民主主義ではあっても、手法や考え方が違う外国人にはわからない。

国際社会でいろんな国と伍して生き残っていこうとしたら、日本人は、頭も発想も変えなくてはいけない。

小沢調査会は、そうした日本の生き方の変化を大前提にして、憲法の改正まで検討していく意気込みであった。

●宮沢首相に国際貢献の提言を無視される

小沢は平成五（一九九三）年二月三日の「国際社会における日本の役割に関する特別調査

会」（別称・小沢調査会）総会で、「国際社会における日本の役割——安全保障問題に関する提言」を宮沢喜一首相（自民党総裁）に提出した。ところが、宮沢が、この提言を無視したのである。

宮沢の防衛戦略は、小沢とはもともと路線が違っていた。宮沢は、吉田戦略を継承していた。吉田茂は、アメリカから再軍備を求められて断わり、その代わりにアメリカに米軍の日本駐留を認めた。サンフランシスコ条約を締結した際、日米安全保障条約を結んだのである。吉田は、番記者たちにこうもらした。

「米軍は、日本を守る番犬だ」

この言葉に、外交官として駐英国大使まで務めた吉田のしたたかさが込められている。朝鮮半島が南北に分断され、韓国と朝鮮民主主義人民共和国が対峙している。大状況では米ソ冷戦が、ますます熾烈になりつつあった。しかも、日本は、アメリカの「核の傘」のなかにいる。これは、日本の安全にとって好都合であった。

「他人の不幸は、自分の幸福」

ではないけれど、わざわざ再軍備しなくても、隣の国がもめ続けている限り、日本に矛先を向ける暇はない。米ソも日本どころではない。こうした狡猾な計算の上に成り立っていたのが、吉田戦略であった。宮沢は、

「何も、軍事的に国際貢献しようなどと、考えるまでもないではないか。小沢は青い」

と考えていたのであろう。

宮沢に無視されたと受け止めた小沢の腹は煮えくり返った。

「許せん。宮沢め」

●「政治改革が必要だ」

料理しようとしている課題のなかで、小沢がかなりの情熱を傾けようとしているものの一つが、政治改革であった。その理由について、小沢は、

「これからの日本は、国際社会のなかで自立して、自ら責任を持って行動し、世界に貢献していく時代だ。それに対応できる政治をつくり上げていかなくてはならない。そのための政治改革が必要だ」

と力説していた。小沢が政治改革で取り組もうとしているのは、具体的には、カネのかからない政治や選挙を実現するにはどうしたらいいか、政治資金をガラス張りにするための方策などといったものではない。

「そんな次元の低いものではない」

小沢が目標としているのは、もっと根本的なことだった。

「日本が生き残って行くために、状況や時代に対応できる機能を日本の政治に持たせなくてはいけない」

要するに、いまの日本政治が、金属疲労を起こし、オーバーホールしようとしていると見ての発想である。合理化や効率化のために、企業が「イノベーション（改革）」を標語にしてこれまで行ってきたような改革の断行を狙っていたのだった。

「湾岸戦争のとき以上に、もっともっと深刻な決断をしなければならないような事態がたくさんやってくると思う。それに間違いなく対応して行くことのできる政治体制をつくり上げることが、政治改革の使命だと私は考えている」

政治改革を実現しようと思ったら、何と言っても日本人全体が変わらなければいけないのだが、その前に、政治を国民から付託されている政治家自身が真っ先に変わらなければならない。それが、先決である。政治家が変わって、はじめて国民をリードできるのだ。

●「いまの選挙制度の仕組みを変える」

ならば、小沢は、日本の政治のどこをどう変えようとしたのか。

「具体的方策では、いまの選挙制度の仕組みを変える。つまり、衆議院の中選挙区制度を変えることだ」

どうして、中選挙区制度がよくないのか。小沢は、以下のように指摘する。

「この制度である限り、万年与党、万年野党という図式はなかなか変えられない。与党は現実的に政治を行っているので、批判もいろいろ受け、事実、悪い面もたくさん出てきているがもっと悪い点は、野党が、政権を取る意欲も何もなくなってきていることだ。野党にとっては、この制度が一番楽であるというのが、最もよくない」

野党が万年野党という立場にドップリ漬かって、政権を取ろうという意欲を失ってしまっては、政治の活力は失われる。

このことを政権党である自民党の幹事長経験者である小沢が力説するというのも、本来はおかしな話ではあった。しかし、小沢は、自民党政権をどこまでも、場合によっては永久に維持しようなどと狭い料簡は持っていなかった。日本の前途を憂えていたのである。

「こんなことで、日本の将来は大丈夫なのか」

と深刻に考える。ならば、なにゆえ野党は、万年野党に満足しているのか。どうしてこのような結果になるのか。小沢は、その原因を中選挙区制度の仕組みそのものに求めたのである。

●野党は、万年野党に甘んじていた

当時の衆議院の中選挙区制では、全国に百三十の選挙区があった。このうち、鹿児島県の奄美群島区の一人区や一部二人区を除いて、そのほかの選挙区は、三人から五人区になっていた。そこに一人ずつ候補者を立てていれば、野党は、一人ぐらいは取れた。有権者のなかには、自民党の候補者に対する批判票というのが、最低でも一割や二割程度はあったからだ。その批判票が、野党の候補者に回っていたのである。

自民党は、複数選挙区に複数の候補者を立てて、お互いに切嵯琢磨させて競わせた。これに派閥が勢力を拡大しようとして、各候補者をそれぞれ応援するから、凄まじい選挙戦が繰り広げられることになる。激しい戦いを身内同士で展開するから、自民党候補者は強くなる。その結果、多数の自民党候補者が這い上がってくる。場合によっては、有権者の投票数に応じた数よりも多い議席を確保してしまうこともあったのである。

その半面、個々の野党は、単独で政権を取るほどの勢力がなかった。野党が共産党を含めて大同団結して連合を組めば、過半数ぎりぎりの議席を取れるところまで迫れるのだが、野党が分裂しているので、それができなかった。結局、野党は、万年野党に甘んじるという結果になっていたのである。

小沢は、

「野党は、自分で政権構想や政策決定などをしなくても、批判しているだけでも議席は取れる。こんな楽な仕組みはない」

という。そのこと自体も実は、野党の責任であり、自民党がそこまで考える必要はない。

それでも小沢は、日本の政治の活力という広い観点から見て、これを心配していたのである。

●「改革に野党が反対する」

政治が停滞すれば、日本の活力そのものも失われてくる。それでは、世界の激しい大きな流れや、激変している国際情勢の推移に臨機応変に対処できなくなってしまう。だが、それだけならまだしも、もっと悪いことがあった。

「不思議なことに、野党から政治改革や選挙制度改革という議論が起きてこない。それどころか、改革に野党が反対する」

野党には、政権を取るという気概はなかった。ぬるま湯に漬かっていい気持ちでいたので、政治改革は困ることであった。改革されたら、自分たちの既得権や立場が脅かされる危険が出てくるかも知れないと恐れていたからだ。

こんな野党を相手にしている与党もまた、安心し切って、厳しさを失っている。なにしろ、日本が潰れない限りは、政権が変わることがなく、万年与党でいられるからだ。

となると、政治を変えようというエネルギーや意識が全然湧いてこない。金権選挙などといろいろ批判はされても、中選挙区制度を続けている方がいいという結論になる。

そこで小沢は、こう考えた。

「与党も野党も、政治家自身がいまの制度のなかで変革できれば、これに越したことはないが、そうは言ってもなかなか自己改革するのは難しい。だから、仕組みを変えることによって、一度、原点に戻って、政治はどうあるべきかをみんなで考えた方がいい」

原点に戻って政治のあり方を追い求めた一つの結果が、小選挙区比例代表制だった。この制度の下で選挙を行えば、二大政党制によって、政権交代が可能になると小沢は予測したのである。

「選挙の仕組みをいじることによって、変化のキッカケをつくりたい」

政治家も国民も自己変革できないのなら、取り敢えず、選挙制度の仕組みを変えることによって刺激を与え、変化を促そうという意図だった。すなわち政治改革の面においても、小沢は、持ち前の剛腕をふるって、安逸を貪っている政治家から国民まで改革に向けさせようとしていた。その意図の裏側には、さらに政界再編という野望もあった。

●「力がなければ、なにごとも成し得ない」

日本の政治を改革し、その勢いで日本の体質そのものにメスを入れて大改革断行しようと志していた小沢は、それを可能にするのは、力であると認識していた。

「力がなければ、なにごとも成し得ない」

と考えていた。自分に政治的な力がなければ、誰もついてはこないし、改革どころではない。どんなに素晴らしい改革案を持っていても、絵に描いたモチにすぎなくなる。

政治的な力とは、何か。それは、極めて明瞭である。自分が政治的な勢力を蓄えていることである。勢力とは、自分についてきてくれる政治家の数である。つわものは、多ければ多いほどよい。

小沢は、政治改革を実現するための政治力をよりパワー・アップするために、その都度努力してきた。その一つが、平成元（一九八九）年十月一日の参議院茨城選挙区の補欠選挙だった。同年八月十六日、元茨城県知事の自民党参院議員・岩上二郎が急死、それを受けて、補欠選挙が行われることになった。

参院選で自民党が大敗したあとで迎えた初の国政選挙であり、小沢にとっては、幹事長に就任してはじめて采配をふるう選挙であった。その小沢の実力を証明する試金石として、永田町はもとより、マスコミも注目した。

小沢は、故岩上議員の未亡人、妙子を降ろそうとした。夫人が、夫の弔い合戦を名乗り出たからだ。夫人は、かつてこの選挙区から出馬して参院選に当選し、その後を夫に引き継がせた経歴を持っていた。

しかし、自民党茨城県連は、夫人の「弔い合戦」に当惑した。社会党のマドンナ旋風の余韻が残っていて、自民党も対抗上、女性を立てるメリットがあるとはいえ、七十四歳の参議院議員経験者では、清新さに欠ける。

それに比べれば、弱冠四十八歳の同県議、野村五男で戦った方が勝算はあると、誰もが思っていた。そこへ岩上夫人が、当然のような顔をして名乗りを上げてきたのだから、当惑するのは当たり前だった。

勝つためには、票割れを避けて野村で一本化しなくてはならなかった。かといって、元参議院議員の妙子を降ろせる人物は、茨城県連にはいなかった。このため、その役回りが、小沢に回ってきたのである。

三時間に及ぶ会談は、最後に小沢が、札束で夫人をねじ伏せた。金額は、五億円だったと言われている。岩上家は、借金に窮していたので、ついに折れたのである。

選挙区の自民党公認候補の一本化のコツは、降ろしたい相手に立候補を断念してもいいと思わせるだけの、「うまみ」のある条件をちらつかせることにあった。

小沢はこの選挙に勝つために最低二十億円以上は必要と計算し、実際にはそれ以上を確保したという。

この選挙は、七万票の大差で勝った。小沢は幹事長として初陣を飾ることができた。小沢の剛腕は、政界内外に轟いた。この選挙で、野村は実質的に当然のごとく小沢の傘下に組み入れられたのである。

この茨城選挙区の補欠選挙を皮切りに、小沢は以後、幾度もこの手の凄腕を見せつけた。幹事長を降りてからも、依然として、それは続いた。

●「小沢一郎は、恐ろしい男だ」

平成四（一九九二）年七月の参院選に当たっての候補者の調整もその一つであった。小沢は、三塚派で科学技術庁長官を務めている現職の谷川寛三を降ろそうとした。出馬を断念させたのである。

「平野で一本化するには、そっち（高知県県会議員三十一人の谷川不支持）が、半数は軽く超えなくちゃいかん」

平野とは、衆議院事務局委員部長を務めていた平野貞夫のことである。衆院事務局時代は「国会の知恵袋」といわれ、自民党の国会対策関係者から信頼されていた。野党とも太いパイプを持っていた。

小沢は、すでに党の公認もとっていた谷川を、第一線から無理やり退かせ、代わりに自分の息のかかった平野を据えようとした。三塚派の一角を切り崩し、自らの手で手勢を増やそうという狙いであった。

谷川には、弱みがあった。平成三年の高知県知事選の采配を振るったものの、敗北していたからだ。小沢は、そこを突いた。

平成四（一九九二）年四月二日。科学技術庁長官・谷川は、自民党高知県議から不信任を受けて、参院出馬断念を表明した。

その陰で、小沢の剛腕への評判が鳴り響いた。

「小沢一郎は、恐ろしい男だ」

●腕っぷしよくＰＫＯ協力法案を成立させる

「平和で豊かな日本はこれから、国際社会でほかの国々と協力し合う国際協調の路線を歩むのか、あるいは日本の主張を通して、孤立してもいいという考え方で進むのか、国策としての政治的判断が迫られている」

小沢一郎は、自民党幹事長を降り、党内最大派閥である竹下派の会長代行を務めていた。当時、まだ五十歳になったばかりの若き獅子であった。剛腕、鉄面皮などと恐ろしげな異名をとる、その小沢が、国民一人一人にこの問題を突きつけ、恫喝的に回答を促した。小沢の真剣な問いであった。

質問者・小沢の答えは、決まっていた。もちろん、「国際協調の路線」である。その国際協調主義者が、腕っぷしよく凱歌を上げたのが、PKO（国連平和維持活動）協力法案と国際緊急援助隊派遣法改正案の国会成立という成果だった。

平成四（一九九二）年六月十五日夜、法案が衆議院で可決成立し、日本は、大きな決断を世界に向かって発進した。

「日本人の血を流してでも、国際協調の路線を歩む」

というメッセージである。また、

「いままでは、カネで済ませようとしたが、これからは、体を張って世界に貢献する」

という反省と新たな覚悟を込めたメッセージでもあった。

思えば、平成二（一九九〇）年八月二日、イラクがクウェートに突如侵攻し、湾岸戦争が勃発したときからわずか二年足らずのうちに、日本の世論は大きく変わっていた。

あのとき、米国から内々に自衛隊の派遣を強く要請されたのを受けて、日本の世論は、賛否両論が沸騰した。自衛隊の海外派遣については、自民党内でも慎重論があった。

当時、幹事長だった小沢は、自衛隊派遣論を示し、慎重派の後藤田正晴（元警察庁長官、元官房長官）と激論となったほどだった。

しかし、紆余曲折を経て、小沢一郎は党内世論をほぼ統一し、ＰＫＯ協力法案提出と国会成立の陰の立て役者となったのである。

●「国際平和維持は、むしろ率先して行うべきことではないか」

小沢の論理は、極めて明快であった。国際社会には現在のところ、国連によって統一された警察や消防などの常設機関がない。しかし、国際社会で災害や紛争が起きるたびに、国連を中心にみんなの協力で助け合うということである。

国際的な警察行動や災害復旧、紛争を停止させる行動などは、専門家でなければできる内容ではない。となれば、その道のプロフェッショナルである自衛隊が派遣される場面があっても当然ではないか。小沢は、重ねて言った。

「そうしたことに参加するのは、平和を欲している日本にとっては、当たり前のことであり、国際平和維持のためには、むしろ率先して行うべきことではないか」

自衛隊が海外に派遣されると言えば、直ぐに戦前の旧日本軍の行為を連想するのは、誤りだと小沢は説いた。

「おどろおどろしいことをしに行くのではないかというように議論されているけれど、そんなことはない。たとえば、カンボジアの復興や民生の安定のために一生懸命協力していくことなのだ」

ＰＫＯ協力法で自衛隊に要請されているのは、たとえばハードの面では、施設をつくる工兵的な分野の部隊だ。それは、応急的ではあっても、橋や道路をつくったり、水を運んだり、電気を起こしたりすること、あるいは医薬品とか、医療に必要な物資を持って行くことなのである。

しかし、国際協調のために本格的に協力に乗り出した以上、協力の仕方が、民生協力的なものの範囲を超える場合があることも覚悟しなくてはならない。

「力で平和を壊す者に対しては、力で押さえなくてはならない。それが国連警察軍の役目でもある。日本は、いろいろな協力の仕方があるけれども、その部分だけは絶対嫌だと言ったのでは、世界の人たちから相手にされなくなる」

日本は、カネだけを出せばそれで責任を免れるという立場では、もはやなくなっていたのである。そうしたことが理解されないことに、小沢は、むしろ苛立った。

●日本が背負う責務

日本は、国際政治の舞台で堂々と指導力を行使できる政治家を登場させることを求められている。国内からの要請もさることながら、世界からの要望もあった。

英国のサッチャー元首相は、来日した際、国際的指導者が持つべき条件について、日本人記者に向かって、こう答えた。

「確固とした政治理念と哲学を持ち、しっかりした行動原理に基づいて、強力なリーダーシップを発揮しなくてはなりません」

フォークランド紛争で、大艦隊を派遣して勝利をおさめ、〝鉄の女〟と呼ばれたサッチャー前首相の発言だけに、説得力があった。かつて七つの海を支配し、世界戦略を展開した大英帝国の末裔として、低落した英国の誇りを取り戻そうという意気込みも感じられる言葉である。

●勇猛果敢に立ち向かっていける政治家こそ、必要だ

〝村社会〟特有の馴れ合い政治の殻を破り、強力なリーダーシップを行使して、小沢は、自民党内外から〝剛腕〟とアダ名されるようになっていた。

「憲法九条は、国権の発動たる戦争を禁止しているが、国際協力のための自衛隊の海外派遣を禁止しているわけではない。国際的地位が向上した日本は、今やカネだけを出して許される時代ではなくなったのだ」

このころ憲法改正が難しい状況にあって、とりあえずは、解釈によって現状に適合させてい

くしかなく、〝解釈改憲〟でしのぐしかないという考えを持論としていた小沢であったが、この言葉は自信と確信に満ち満ちていた。

英国型政治家を模範とし、サンフランシスコ平和条約締結をなし遂げた吉田茂、安保条約改定を押し通した岸信介、沖縄返還を実現した佐藤栄作、中国との国交を正常化させた田中角栄以来の大型政治家の資質を感じさせられた。

これらの政治家は、経済大国へと成長して、国際的な地位を取り戻すためのプロセスにおいて、知恵を絞り、汗を流した政治家であった。

小沢は、ＰＫＯ法案の成立に情熱を傾けた。ＰＫＯへの参加は、軍事のプロフェッショナルである自衛隊員のほかにできるはずはない。小沢にとって、自衛隊員の身分をどう扱うかなどは、小手先の議論にすぎなかった。

この段階で日本の政治家は、従来の政治家とは違ったタイプの行動を求められることになったのである。それは、吉田茂、岸信介の成し得たことでもなく、佐藤栄作、田中角栄のそれでもない、全く新しいタイプであった。米英仏独露中の大国に伍して、国際政治を展開できる大型政治家のみに可能な行動だ。

国際政治の課題は、それこそ山積していると言ってよい。貧しい国々から富める国々に向かっての労働者の流入、紛争地域における難民の移動、食糧の生産と供給のアンバランスがもたらす食糧危機、大気や海水汚染、森林乱伐などが引き起こす地球環境の破壊というように、数え上げたらきりがない。

紛争地域があれば、軍事的に停戦させ、平和を取り戻し、国際警察力によって安全な地球づくりを達成させることも、国際政治の課題であり、使命でもある。

これらの諸々の課題に勇猛果敢に立ち向かっていける政治家こそ、これからの日本に求められているものにほかならなかった。

●限りなく壮大な野望

ならば、日本は、世界に通用する政治家を育て上げる政治風土を、果たして自らの内に持っているだろうか。政治倫理を含めた政治的慣習や、選挙制度、政治資金制度の面で、カビの生えたような時代遅れの部分はないのか。

小沢は、そう自問した。

その結果得られた結論が、選挙制度の改革であった。

「衆議院に小選挙区比例代表制を導入して、カネのかからない選挙を実現しなくてはならない。とくに英国型の清潔な選挙を行っていかなければ、今後日本の政治家はよくならない」

と説く小沢であった。

旗印に選挙制度の改革を掲げる小沢は、英国の総選挙の結果、保守党が大勝利した報道を聞き、

「百万の援軍を得た」

と狂喜した。保守党が四十％の得票率を得て、七十％の議席を占めたことも、小沢を勇気づけた。

「小選挙区比例代表制の導入によって政権交代をうながし、日本も保守二大勢力による安定政権が継続できることは夢ではない」

小選挙区比例代表制にかける小沢の野望は、深謀遠慮に裏付けされていた。

第５章　自民党長期政権に終止符をうつ

●自民党分裂の遠因は、東京佐川急便事件

小沢一郎をはじめその同志が、自民党を離党して分裂し、新生党を結成することになった遠因は、東京佐川急便事件にあった。金丸信は平成四（一九九二）年一月八日、宮沢喜一首相の要請で、自民党副総裁に就任していたが、東京佐川急便事件をめぐり、佐川急便からの五億円授受を認め、同年八月二十八日、副総裁を辞任した。

さらに金丸は、同年九月二十八日、東京地検特捜部に略式起訴されたうえに、その直後、略式起訴で済んだことに抗議する男が、東京地方検察庁の看板にペンキを投げ付ける事件が発生

した。

世論からの激しい批判を受け、同年十月十四日、議員辞職するとともに、竹下派会長辞任にも追い込まれた。次いで、同月十六日、竹下派執行部が総退陣した。

これを受けて、小沢は竹下派七奉行のうち金丸に近かった渡部恒三、奥田敬和らとともに後継会長に羽田孜を擁立した。かたや橋本龍太郎、梶山静六らが竹下直系の小渕恵三を推し、対立した。

これに対して、派閥オーナーである竹下登自らが関与し、加えて、当初中立であった参院竹下派が、小渕支持を決定した。この結果、後継会長は小渕に内定し、同月二十八日、正式に就任した。

●「改革フォーラム21」を旗揚げする

政争に敗れた小沢一郎は平成四（一九九二）年十二月十日、羽田、渡部、奥田らと「改革フォーラム21」（代表・羽田孜、国会議員四十四人）を旗揚げし、同月十八日「羽田派」を結成し、派閥は分裂した。

「改革フォーラム21」は、パンフレットで「いま、この国の政治を変えたい」と述べ、「普通の言葉が通じる政治」を目標に掲げ、次のように訴えた。

「この激動の時代に、日本の政治も、日本なりの明確なビジョンをもって世界へ向け、動きださなければなりません。しかし、いまの政治状況、政治のしくみではそのビジョンを構想するための「政治論議の場」さえもありません。二十一世紀の国の針路を決める、このたいせつな時期にもはや猶予はないのです。国民の皆さんのためにも、日本のためにも、また世界のためにも、さあ、議論をはじめようではありませんか。目の前には、解決すべき政策課題が山ほどあります。わたしたちは、『政治改革』を出発点として、志と、知恵と、行動力で、さまざまな問題に取り組んでいく覚悟です。国民のみなさんにも、政治にご参加いただくために、わたしたちは、ふつうの言葉で政治を語っていきます。そして、ともに、二十一世紀のビジョンを構想し、新しい日本をつくっていきましょう」

そのうえで、新しい日本のあり方について、「新しい日本六つの展望」を示した。

1　地方の力で発展する新しい日本
2　世界の中の新しい日本
3　かけがえのない地球を守る新しい日本
4　世界繁栄をめざす新しい日本
5　人生が充実する新しい日本
6　人へ投資する新しい日本

また、「政治改革五つの課題」を以下のように示した。

1　中央集権型政治から地方分権型政治へ

2　対応型政治から提案型政治へ
3　利害調整型政治から理念提示型政治へ
4　国会対策型政治から政策論争型政治へ
5　全会一致型政治から多数決型政治へ

●小選挙区制度を基本とした選挙制度改革の必要性を説く

さらに「政治のしくみを変える、小選挙区制度」と題して、選挙制度の改革の必要性について、こう述べた。

「新しい日本政治をつくるには、政治のしくみを変える、選挙制度（中選挙区制）の改革からはじめなければなりません。なぜ、中選挙区制ではダメなのか？　選挙の意義は、政権の選択にあります。政党が選挙で掲げる政権構想や政策を国民のみなさんが選択することにより、政権がつくられるのが本来の姿です。しかし、いまの中選挙区制という仕組みでは、政権を担おうとする政党は、ひとつの選挙区で複数の候補者をたてざるを得ず、同じ政党同士の候補者が選挙を戦うことになります。そのために候補者は党と党との政策論争をするのではなく、サービス競争となってしまい、これが金権政治をも生み出すことになってしまいます。これで、はたして国民の皆さんによる、政権選択の意義が発揮されているでしょうか」

こう疑問符を投げかけ、小選挙区制を基本とした選挙制度改革が、「変化」のカギであるとの立場から、以下のように力説した。

「小選挙区制度を基本とした選挙制度に改革すれば、選挙をその本来のあり方である、『責任を明確にする政党間の政策論争本位の選挙』に改めることができます。これによって、停滞している今日の政治状況を打破し、政権交代への展望が生まれることにより、国会に活力を生みだし、新しい政治をつくりだすことができるのです。さあ、いまこそ私たち政治家はもちろん、国民のみなさんも『変化』を選択する時がやってきたのです。誰かが変えなければ、何も変わりません。国民のみなさんのためにも、また世界のためにも、ともに『変革の行動』を起こしましょう」

●羽田派は、宮沢喜一改造内閣で冷遇、自民党内で「反主流派」に転落

ところが、「改革フォーラム21」設立直後の平成四（一九九二）年十二月十二日に発足した宮沢喜一改造内閣で、羽田派に与えられた閣僚ポストは、船田元経済企画庁長官と中島衛科学技術庁長官のわずか二つのポストだけだった。露骨な冷遇である。

それればかりか、自民党幹事長には派閥の後継会長をめぐり激しい闘争を演じた小渕派の梶山静六が就任したことから、羽田派は、自民党内で「反主流派」に転落してしまったのである。

小沢一郎は、この苦境を覆すために、持論であった政治改革の主張を前面に立てて、自らを「改革派」と呼んで立ち上がり、主流派には「守旧派」とレッテルを貼って世論の支持を獲

得しようとした。また、小沢一郎は平成五（一九九三）年二月十七日、佐川急便事件に関して、竹下登とともに衆議院予算委員会で証人喚問を受けたものの、これを上手く乗り切ることができた。

●内閣不信任決議案が可決され、宮沢首相が衆議院解散を選ぶ

宮沢喜一首相がジャーナリスト田原総一朗のインタビュー『総理と語る』のなかで、

「今国会中に政治改革を行います」

と公約した。だが、自民党内の意見をまとめ切れず、平成五（一九九三）年六月十四日宮沢首相が自民党執行部の意向をうけて、政治改革関連法案の成立を断念した。これに対して、野党が「次の臨時国会へ先送り」に反発し、社会党の山花貞夫委員長をはじめ、公明党、民社党が通常国会閉会前、内閣不信任決議案を提出した。

自民党の反対多数で否決されると予測されたものの、自民党羽田派が同月十七日、不信任決議案に賛成の意向を表明した。賛成することにしたのは、

「リクルート事件により自民党に対する国民批判が強まるなか、自民党政治改革委員会の後藤田正晴会長が平成元（一九八九）年五月に政治改革を推進する『政治改革大綱』を発表し、政治改革のベースができており、自民党は国政選挙のたびにこれを実現すると公約していたにもかかわらず、これを完全に反故にしてきていた」

という理由からだった。これは、竹下登が二枚舌三枚舌を使ってきたためでもあった。

六月十八日の衆議院本会議場で、羽田派ら自民党議員三九人が賛成、一六人が欠席した。この造反者続出により不信任案は、二五五対二二〇で可決された。

このため、宮沢首相は、内閣総辞職か衆議院解散かの選択を迫られ、解散を選んだ。この日の衆議院本会議場で、衆議院議長が解散を宣言した際、

「憲法七条により衆議院を解散する」

と宣言したのに対して、野党席から、

「第六十九条ではないのか」と野次が飛んだ。この解散は、宮沢首相が「今国会中に政治改革を行います」と言った公約に反したのが原因となったことから、「嘘つき解散」と称された。

●新党さきがけの結党に煽られ、「弾み」で新生党をつくる

不信任案が成立して、衆議院が解散されたものの、小沢一郎は、この後の対応に苦慮した。

「さあどうするか」

小沢一郎、羽田孜、平野貞夫（参議院議員）の三人で相談をした。そこで羽田孜が切り出した。

「われわれは自民党に残るわけにはいかないだろう。しかし、選挙もあることだし。『改革フォーラム21』の連中みんなに自民党を出ろというわけにはいかないだろう。そこで、二人は

いったん自民党を離れようと思う。しかし、二人ではちょっと格好がつかないから、平野さん、あんたも付き合うか」

平野貞夫は、小沢一郎の知恵袋で、一種の事務局のような役目を担っていた。

「私は、初めからぶち壊すつもりだからいいんだけれども、そんな寂しいことを言わずに、明日の朝、常任幹事会を開いて、みんなに相談してやるべきじゃないか。三人だけぬけがけするようなことはよくない」

すると、小沢一郎が、即座に応えた。

「そうだ」

羽田孜が言葉を続ける。

「今後の展開をどうするか」

平野貞夫が頭をひねり、アイディアを出した。

「大体、自民党の党規違反というか公約違反をしたのは執行部だ、梶山だ。われわれは政審改革大綱を実行するためにやってきたことであって、むしろ、われわれこそ自民党の政党論を超えた本筋じゃないか。だから、宮沢さんというわけにはいかないが、梶山以下執行部を党規委員会に訴えよう」

小沢一郎と羽田孜が、声を揃えて言う。

「それでいこう」

小沢一郎は、平野貞夫に指示した。

「まず案を書け」

平野貞夫が、案を書いているとき、電話が入った。

「武村が新党さきがけをつくった」

という情報である。武村正義・田中秀征ら十人（うち八人は不信任案に反対を投じていた）が六月二十一日、自民党を離党して新党さきがけを結成したというのである。

小沢一郎、羽田孜、平野貞夫の三人は、「新党さきがけ」を結成に刺激され、煽られた。平野貞夫が言った。

「彼ら十人のうち八人は内閣不信任案に反対した。内閣不信任案に反対した者が、党を出て新党をつくるというのに、賛成した者が残るわけにはいかないでしょう」

実は、武村正義らは、半年前から党を出ていく準備をしており、計画通り新党を結成していたのである。平野貞夫は、叫んだ。

「ぬけがけだ！」

小沢一郎らは、自民党に所属するつもりだった。しかし、不信任案に賛成した立場としては、居続けるわけにはいかない。

次の日、全員が集まり
「新党をつくろう」

と一致し、同月二十五日小沢一郎、羽田孜が中心になり、新生党を結成したのである。これは、言うなれば、「行きがかり」と「弾み」によって新党をつくらざるを得なかったということである。

このため、当初、自民党を離党するつもりはなかった羽田らは自民党を離党して新生党を結成し、船田元と中島衛は閣僚を辞任した。自民党は過半数を大きく割り込んだ状況のなかで第四十回衆議院議員選挙を迎えた。

●五五年体制が崩壊し三十八年ぶりに政権交代が実現する

第四十回衆院選選挙が七月十八日行われ、自民党は過半数割れし、新生党、日本新党、新党さきがけの三新党が躍進した。この結果を受けて宮沢首相は、内閣総辞職を表明し、後任の自民党総裁に河野洋平が選出された。「憲政の常道」に従い、自民党は下野、新生党、日本新党、新党さきがけの三新党などが、新しい政権を樹立することになった。

小沢一郎は総選挙直後から、東京都港区虎ノ門のホテルオークラで、新党さきがけ代表の武村正義と日本新党代表の細川護熙と非公式に会談した。

細川護熙は、自民党との連立を検討していた。だが、小沢一郎から、

「ぜひ総理大臣に就任して欲しい」

と求められ、非自民勢力へと傾斜し、ついにこれに応じた。

下馬評では、新生党の羽田孜党首が首相候補者として有力視されていた。ところが、小沢は、細川に白羽の矢を当てたのである。

この結果、社会党、新生党、公明党、日本新党、新党さきがけ、社民連など八党派の七党首が七月二十九日、会談して細川護熙党首を特別国会で首相として指名することを決めた。細川がこれを受諾したので、細川連立政権が同年八月九日、誕生し、五五年体制が崩壊し、三十八年ぶりに政権交代が実現した。

小沢は、心中密かに期するものがあった。

「これからが勝負だ」

●土井たか子を衆議院議長に据え、社会党潰しを開始する

小沢は昭和四十八（一九七三）年四月に小選挙区制度の採用に反対した野党のうち、共産党を除き、社会党、公明党、民社党の各党をターゲットにした。

この一方で小沢は、社会党潰しの作戦を開始する。

「土井たか子を衆議院議長にする」

小沢には、一つの懸念があった。

「社会党の左派が、衆議院本会議場の首相指名投票に欠席、棄権あるいは別の名前を書くと細川政権は流産する」

これを防ぐには、「土井衆議院議長」はもってこいであった。

「社会党左派寄りのグループに支えられている土井を議長にすることで、連立政権から左派の離脱をできるだけ防げる。しかも、土井なら国会改革の象徴になる」

しかし、土井は当初、

「この連立政権は私の性分に合わない」

と細川連立政権の誕生に冷やかだった。このため小沢は、社会党委員長の山花貞夫（当時）に土井の説得を依頼した。山花は、八党派を回って、

「土井衆議院議長を全面支援する」

と書いた連名の念書をとって、下準備までした。土井が衆議院議長として説得されているというニュースが全国を駆けめぐる。衆議院議員会館の土井の事務所には、社会党支持者や土井の後援会のメンバーから、

「小沢の策略にのってはいけない」

「小沢一郎・新生党代表幹事の路線にのるべきではない」

などという反対の声が殺到した。土井は同志社大学の恩師・田畑忍に相談する。田畑は、

「議長になってもやれることはほとんどない。この際、護憲・革新の新しい党をつくるべきだと思う」

と議長就任に反対した。しかし、山花に必死に説得されて、土井は、ついに受諾したのであっ

た。

「やるっきゃない」

小沢の策謀にまんまと引っかかったのである。「国権の最高機関の長」という餌で社会党を骨抜きにするのに成功する。社会党は、このときから壊滅に向かったのである。

●ついに小選挙区制導入に漕ぎつける

小沢一郎は、「政治改革」の一番の柱に「小選挙区制度の導入」を掲げていた。これを細川政権で実現すべく全力を上げた。そして、ついに「その時」がきた。平成六（一九九四）年一月二十八日夜、細川首相と野党第一党である自民党の河野洋平総裁が、国会内でトップ会談し、以下のように合意した。

①比例代表選挙は、ブロック名簿、ブロック集計とする。ブロックは、第八次選挙制度審議会の答申の十一ブロックを基本とする。

②企業等の団体の寄付は、地方議員及び首長を含めて、政治家の資金管理団体（一に限る）に対して、五年に限り、年間五十万円を限度に認める。

③戸別訪問は、現行通り禁止とする。

④小選挙区選出議員の数は三百人、比例代表選出議員の数は二百人とする。

⑤小選挙区の候補者届け出政党、比例代表選挙の候補者の届け出政党並びに政治資金規正法

及び政党助成法の政党要件の「三％」は、「二％」とする。
⑥各政党に対する政党助成の上限枠は、前年収支実績の四〇％とする。ただし、合理的な仕組みが可能な場合に限る。
⑦投票方法は、記号式の二票制とする。
⑧寄付禁止のための慶弔電報の扱いは、現行通りとする。
⑨衆議院選挙区画定のための第三者機関は、総理府に設置する。
⑩以上の合意の法制化のため、衆参両院からなる連立与党及び自由民主党各六人（計十二人）の委員により、協議を行うものとする。

この合意では、単純な「小選挙区制度」とはならず、比例代表制度を並立させざるを得なかった。小選挙区制度一本では、社会党や公明党、民社党などが衆議院で一人も当選できず消えてなくなるとの懸念があったからである。少数政党への配慮と妥協の産物として比例代表制度を付け加えたのであった。それはともかく、平成六年一月末、細川連立政権の下で「小選挙区比例代表制度」を実現させることができた。

小沢にとって、「一〇〇点満点」とはいかなかったものの、「七分」の成功であった。そのうえ、税金で賄われる助成金を政党に配分する「政党助成法」というおまけまで手に入れることができたのは、上々の出来であった。

●細川政権が八か月で倒れる

だが、計画は、思い通りにいかないのが、世の常である。細川政権が、わずか八か月で倒れた。細川首相が、平成六（一九九四）年四月八日午後、連立与党各党の党首と代表者会議メンバーを緊急に首相官邸に集めて、辞意を表明した。

「私の個人の問題で国会審議に大きな障害になっている。政治的空白をつくったことに責任を感じている」

突然の辞意表明に政界はもとより、マスコミはもちろん、国民ばかりでなく、世界中が大騒ぎになった。その最中、細川首相は、

「私の辞任は、自民党の分裂を促すのが目的」

とうそぶいてみせていた。だが、実際には、自民党の亀井静香衆議院議員が、細川首相にまつわるスキャンダルをかき集め、細川首相と有力支援者に送りつけて、退陣の引導を渡したと言われている。細川首相自身が、

「もはや、これまで」

と悟ったようだった。政界というのは、恐ろしいところで、「政敵」が、「政治的暗殺」を図ろうと常にスキャンダルの種を探し回っている。細川首相は、その罠に捕らえられてしまったのである。小沢も、うかつだった。

細川首相退陣の後、思いがけず拾い物をしたのが、羽田孜であった。しかし、その羽田もわずか二か月でダウンする。亀井静香などが、社会党の村山富市を首相に担ぎ上げて、自民党と社会党、それに新党さきがけを加えた三党連立政権をつくろうと画策していたのに気づかなかったのである。亀井の背後に竹下登元首相の陰がチラついていた。

社会党は、「内閣官房機密費」に目がくらんだ。何と、この仲間に細川政権の官房長官・武村正義が含まれていた。武村は、自治省の高級官僚時代、田中角栄元首相の書いた「日本列島改造論」のゴーストライターの一人になって以来、田中元首相に可愛がられ、後に竹下登元首相からも目をかけられていた。その武村が、官房長官の身でありながら、政敵であるはずの自民党の橋本龍太郎政務調査会長（当時）と気脈を通じていた。東京都内でしばしば会い、連立政権内部の機密事項を漏らしていた。武村のスパイ活動により情報が自民党に筒抜けになっていたのである。そのことを知った小沢は、細川首相に、

「武村を切れ」

と再三、要求した。だが、実行されないまま、細川政権が、崩壊したのである。その挙げ句の果てに、武村は、村山連立政権樹立の工作に加わり、その功績により、大蔵大臣のポストを手に入れた。

第６章　新進党結成から自由党の立ち上げへ

●辻褄合わせに新進党を結党する

自社さ連立の村山政権が成立し、小沢一郎は、野党に転落した。しかし、小選挙区制度の導入に成功していたので、敗北感は希薄だった。

そのうえ、このころの小沢は、盛んに「二大政党政治」を口にしていても、内心では、まだ本気でその時代の到来を考えていなかったふしがある。それは、羽田政権が誕生して間もない平成六（一九九四）年二月十日付の「新生党ニュース」に寄稿した「政策や考え方を軸にした政界再編は早い」と題する小沢の文章がそのころの気分をよく伝えている。

「これまでの中選挙区制という選挙制度は、そういうやり方を助長してきたひとつの、大きな要因だ。それを変えていくのは、小選挙区制を中心とした制度が、一番有効です。戦後半世紀続いた政治の形を変えていこうというのだから、現状維持派の人は反対するわけです。変化するから反対する。その意味で（小選挙区制で）必然的に政党は再編成へ進む。意図的に手をくださなくとも、新しい制度の下で、二つ以上の政権担当能力のある政党が存在する二大政党的な方向へいくのは間違いない」

小選挙区制のもたらす結果への期待感が強い。「意図的に手をくださなくとも」と言い切るくらいに楽観的でさえある。こうした気分のなかで、小沢は、自らの手で二大政党政治の時代を強引につくろうとは、積極的な意欲を持ってはいなかったようである。

しかし、小沢は、平成六（一九九四）年十二月十日、みなとみらい21国立横浜国際会場「パシフィコ横浜」で新進党を結党した。実は小沢にとってこの新進党はつくる必要のない政党だったとも言える。小沢は、

「これからは二大政党政治の時代となる」

と宣言していたので、「辻棲合わせ」のためにつくった政党であった。結党に参加した当事者たちがそう言っていた。自民党を離党してきた国会議員の大半が、自民党へ復党を考え始めていたからである。小沢自身も、まぎれもなくその一人だった。

新進党は結党と同時に崩壊させなくてはならない政党だったのである。その証拠に小沢は平

成九（一九九七）年十二月末、新進党をめでたく解党できた。小沢一郎の計画通りであった。その後、小沢は、自由党を立ち上げている。自由党は平成十一（一九九九）年十月五日に発足した第二次小渕政権に加わった。「自民・自由・公明三党による連立政権」いわゆる「自自公政権」である。小沢は、腹心の二階俊博を運輸相兼北海道開発庁長官に送り込んだ。

自民党が平成五（一九九三）年六月末に分裂してから六年目のとき、小渕恵三首相が総裁を務める自由民主党と小沢一郎党首率いる自由党が連立政権の樹立にたどりつき、ようやく元のサヤに収まることができた。自自連立に公明党が加われば、国会が憲法改正の発議できる圧倒的多数となり、日本最大の保守勢力が形成される。

小沢が自・自・公連立に踏み切ったのは、次期総選挙での候補者の調整を与党内で行うことや衆議院定数の五十削減が目的だった。三党は、まず比例代表二十削減を次期通常国会冒頭で処理し次期総選挙に間に合わせ、残る三十削減については、小選挙区などを中心に平成十二年の国勢調査を踏まえて必要な法改正を行うことで合意したのである。

つまり、小沢の念頭には、小選挙区制しかなかったとも言える。

この点を見ても、小沢が、二大政党時代に向けて、まだ意図的に扉を大きく開けようとはしていなかったことが、よくうかがえるのである。

●自自連立のキッカケをつくったのは中曽根康弘元首相だった

小沢の率いる自由党が、第二次小渕政権の与党になるまでの経緯を少し詳しく振り返ってみよう。小沢の策謀が、鮮明に浮かび上がってくる。

自自連立のキッカケをつくったのは、中曽根康弘元首相であった。中曽根元首相は平成十（一九九八）年十二月十日発売の『文藝春秋』（平成十一年新春特別号）に掲載の「自自連立の未来〝真空総理〟小渕くんの決断」と題する一文のなかで、このことを次のように明かしている。

「八月の終わりごろ、私は、竹下登（元総理）くんと話をしました。主な内容は、金融法案を早急に成立させること、日米ガイドラインの対応などについてでした。その席で、自自や自自公の連立も視野に入れ、こんな会話を交わしています。

『竹下登くん、強力な政権をつくるため、政権の模様替えを次の通常国会までにやって、自由、公明と連立しないといけないと思いますね』

『そうですね』

『小渕くんに、そのことを伝えておいてくれませんか』

『言っておきましょう』

竹下くんは慎重でしたが、小渕くんは、この話に乗ってきたようです。

そのころから、野中くんが、この件で本格的に動き始めたようです。野中くんは、自自連立派の亀井静香（元建設相）くんと頻繁に会合を重ね、自自連立への流れに道筋をつけていった。

自民党の野中くんと亀井くん、自由党の小沢くんと二階俊博（国会対策委員長）くんが、自自連立へ向けて何回か会っています。私のところには、自由党の野田毅（総括・幹事長）くんが、昔のよしみで、時々、訪ねてきました。自民党では、他に古賀誠（国会対策委員長）くんが野中くんを助けていました。自自連立を推進するグループは、九月の時点で、不退転の決意を固めていたのです。

私は、この件で、亀井くんを通じて梶山くんとも通じています」

●自民・自由両党合意書の全文

野中広務官房長官は、竹下元首相の懐刀であった。小渕政権内における竹下元首相の代理人だったと言ってもよい。

野中官房長官は平成十（一九九八）年十月五日、小沢一郎と会い自自連立の打診をし、下地をつくった。そのうえで、同月二十日の竹下登元首相と小沢一郎との会談が実現し、自自連立に合意したのである。このお膳立てを踏まえて、小渕首相が十一月十六日、小渕首相と会談して、関係を良好にしたうえで同月十九日、小渕首相が小沢一郎と改めて会談し、最終的に自自連立することで正式に一致したのである。「自民・自由両党合意書の全文」は、以下の通りであった。

いま、日本は国家的危機の中にある。世界経済の先行き不安やアジアの経済の混迷を背景に、わが国経済の停滞と不況の深刻化は、戦後、最大の経済危機に至った。政治への不信、行政の肥大化、北東アジアの安全保障の不安など、緊急に解決しなければならない課題が山積している。

わが国は、急速な少子・高齢化、情報化、国際化などが進展する中で大きな変革期に直面し、国民の間に国や社会の将来に対する不安感が生じている。これを払拭（ふっしょく）し、人々に自信と誇りと希望を与えることが政治の責任である。そのためには大胆な構造改革を断行しなければならない。

かかる危機を乗り切り、国家の発展と国民生活の安定を図るため、自由民主党と自由党の両党は、政権を共にし、次の諸事項を確認し、日本国と国民のために責任ある政治を行うことで合意する。

一、自由党党首案の政策については、両党党首間で基本的方向で一致した。これに基づき直ちに両党間で協議を開始する。

二、次の臨時国会の運営については、自由党は、政府・自由民主党に対して協力する。

三、平成十一年度総予算の編成は、両党協力して年内に行う。

四、平成十一年度総予算編成後、通常国会前までに連立政権を発足させる。その期日については、両党党首が協議の上決める。

五、選挙協力については、国・地方を通して両党間で万全の協力体制を確立する。当面、衆議院議員の総選挙においては、現職優先を原則とし、小選挙区の候補者調整を行う。

●宮沢喜一ら歴代首相は、「金融大戦争」を仕掛けられ、応戦しなかった

バブル経済が平成元（一九八九）年十二月二十九日をピークに崩壊過程に入り、平成四（一九九二）年八月十八日を境に、「平成大不況」に突入し、以来、「失われた十年」と言われる不況が続いた。

この間、宮沢喜一、細川護熙、羽田孜、村山富市、橋本龍太郎の歴代首相は、金融機関のなかで増え続けていた不良債権に対して、無策のままだった。政界をはじめ、マスコミも含めて、国民の意識は、「政治改革」にあり、日本経済の再生や景気へのテコ入れには、本気で取り組もうという空気は、希薄だった。

平成大不況下にありながら、アメリカ金融業界やウォール街を支持基盤にしたクリントン政権から日本国民の個人金融資産（当時、約一二〇〇兆円）にターゲットを絞る「金融大戦争」を仕掛けられ、保険・証券・銀行業界が、再編を迫られているにもかかわらず、これに応戦すらしようとせず、経済は混迷の度を深めた。

そのなかでも、大蔵官僚出身の宮沢首相は、不良債権が増えていることを後輩の現職大蔵官

僚から知らされていたにもかかわらず、機動的かつ迅速に手を打つのを怠っていた。不良債権解消のために「公的資金」を金融機関に注入することを躊躇し、いたずらに時間を空費し、経済と財政悪化を深刻化させるのみであった。

細川首相も、在任八か月間、羽田首相も二か月間、村山首相も、「政治改革」に囚われすぎていた。橋本首相の場合は、景気のアクセルを踏むべきところ、踏み違えてブレーキをかけ景気を悪化させ、財政をますますピンチに陥れた。すなわち、中曽根康弘首相時代に鍛えた「行財政改革」の手腕を誇示し、「中央省庁二十二」を「一府二十二省庁」に再編することに専念し、熱中したからである。

元々、吉田茂首相、池田勇人首相、佐藤栄作首相、田中角栄首相、竹下登首相という「積極財政派」の系譜にあった橋本首相が、伝統のある政策を実行できなかったのである。この結果、結党以来、自民党は「景気に強い」と言われてきた神話を崩壊させてしまった。

●小渕首相は、「世界一の借金王」と公言した

この平成大不況に対して、小渕首相は、「積極財政派」の立場で、真っ正面から立ち向かおうとした。橋本首相が経済・景気政策の失敗から国民の不評を買い、平成十（一九九八）年七月十二日の参議院議員選挙に惨敗し、政局を不安定にさせた責任を取って退陣した後を引き受けたのである。

小渕首相は、財政ピンチのなか、あえて「国債増発」という逆張り手法を取り、「積極財政」に打って出た。景気を浮揚して税収を上げようと試みたのである。小渕首相は、「世界一の借金王」と公言した。また、平成七（一九九五）年から始まっていた「IT革命」にも理解が早く、アメリカに十年の差をつけられていた「デジタル情報革命」を積極的に推進し、遅れを取り戻そうとした。

●小渕首相が、小沢一郎自由党党首に「SOS」を発し、協力を求める

経済の再生と景気の浮揚には、どうしても「政局の安定」が不可欠だった。このため、小渕首相は、いまや「宿敵」となった小沢一郎（当時、自由党党首）に「SOS」を発し、協力を求め、自民党と自由党による連立政権樹立を図った。

小沢一郎は、経済財政大ピンチの国難に直面している政局に鑑み、この要請を受けて、連立政権への参加に応じた。自民党を割って出た小沢一郎とその一統で構成する自由党が、「出戻り」のような形でどうして自民党との連立を組むことになった理由について、小沢一郎は、こう述べている。

「日本の経済状態が日を追うごとに悪化し、国際的にも日本がのっ引きならない状況に追い込まれたからだと説明するしかない」

長期不況が続く経済状況の下で、苦境に立つ国民を救うには、政党間の政争を一時、棚上げ

してでも、「挙国一致」の精神で直面する国難に立ち向わなければならなかった。

「今、まさに日本は危急存亡のときである。一九九八年の終わりに日本国土開発が倒産し、日本債券信用銀行が国営化されたが、これで日本経済の危機が去ったわけではない。政府は九九年度は景気回復にプラスの期待をしているようだが、このまま手をこまねいていたら日本はどんどん沈んでいき、やがてはタイタニック号と同じ運命だ。イラクに対するアメリカ軍の攻撃、朝鮮民主主義人民共和国（北朝鮮）の核開発疑惑など、国際関係はさらに緊張の度合いを高めている。この危機的状況を突破するには政治の強いリーダーシップが必要だ」

●「宿敵」との「恩讐」を乗り越えて政権内部に入る

それは、次のような思いがあったからである。

「新進党時代の九六年秋、住民税・所得税・法人関係税など十八兆円の大減税を含む『五つの契約』を掲げたが、当時の橋本政権は財政再建を唱えるばかりで、日本経済が置かれている深刻な状況に全く危機感を感じていなかった。当時、『五つの契約』を実行し、積極的な手を打っていれば、今日、日本国民が苦しむ大不況は招いていなかっただろう。このことはいまだに悔やまれる。閉塞した日本経済はもう対症療法を受けつけなくなっている。そこは急がば回れで、構造的な問題にメスを入れる必要がある。税制を含めた思い切った経済政策を断行するためには、官僚ペースの政治行政そのものの仕組みを変えなければならない」

「管理社会がいかに機能しなくなっているか、わかりやすい例は、未だに回復の兆しを見せないこの景気だ。再び自民党が政権の座に就いてから五年が経過した。その間、政府が講じた景気浮揚策は、低金利政策と公共事業の追加という判で押したようなパターンの繰り返しだった。高度成長時代であれば、経済は毎年拡大を続け、踊り場の不況のときには金利操作と財政投資による刺激策で景気はまた上向いた。しかし、高度成長時代が終わり、日本経済が成熟期に入った今は、従来のパターンでは絶対に景気は回復しない。それなのに自民党政権は依然として高度成長期と同じようなカンフル剤を打ち続けてきた。九八年、政府は二四兆円の緊急経済対策を発表したが、株価の反応でわかるように、国民はそんなことでは経済は絶対に良くならないと思っている」

この国難を克服し、突破していくには、たとえ「宿敵」との「恩讐」を乗り越えてでも、政権内部に入って、実現を図らねばならない、そう痛感したのである。政権に入るからには、日ごろから温めている政策が受け入れられなくては何の意味もない。小沢一郎は、そう考えたのである。

●小沢一郎が「日本改造計画」で示した「戦略」に則り、「合意書」を作成する

小沢一郎が提示した「日本再興計画」について、小渕首相は、基本的に「合意」した。これを受けて「合意書」が作成された。このなかで書かれた政策は、小沢一郎が『日本改造計画』

で示した「戦略」に則っていた。しかし、それは、あくまでも概略に止まっていた。「日本再興計画」は、それをもっと具体化した内容になっていた。

連立政権への参加までの詳細について、小沢一郎は、ビジネス雑誌『プレジデント』(一九九九年二月号)誌上の「小渕政権の命運を握る小沢一郎が、九九年政局に向かう新たなる決意を語る——小沢一郎のわが『日本再興計画』」と題する特集のなかで明らかにしている。

このなかで、経済政策に限ってみると、小沢一郎は、連立政権に参加するに際して、次のような基本的な考え方を提示していた。

「連立協議では消費税の凍結問題ばかりをマスコミは取り上げたがるが、消費税の凍結は国家運営の基本的な問題ではない。政府はこれまでに景気対策と銘打ってトータルで一〇〇兆円もの公共投資をやってきた。しかし一向に景気は上がらず、逆に悪化するばかり。もはや国民からの期待感は限りなくゼロに近い。同じやり方を繰り返していれば政治への信頼や期待はますます薄れていく。国民は先行きの不透明感に不安を感じ、生活防衛のためお金を使わなくなり、企業は設備投資を控えることになる。結果、不景気はさらに進行するという完全な悪循環だ。ならば、国民の予想をいい意味で裏切るような、政治が本当に決断すればこんな思い切ったこともできるんだという大胆な政策を実行して、国民に期待感を与え、マインドの転換を図ろうというのが消費税凍結論を打ち出した理由である。消費税の凍結など一行の法律をつくるだけで簡単に実行に移せる。しかも、あまねく全国民に利益が行き渡るのだ。消費税凍結はある種のショック療法であり、ほかに妙案があれば固執するつもりもない。これはテクニカルな政策論の一つであり、もっとほかにいい方法があるなら、それでいいと言っているだけの話である」

●国と地方で一五〇兆円の行政経費を一割削減するだけでも一五兆円捻出できる

具体的に日本経済を再興するための経済政策について、小沢一郎は、田中角栄直伝の「積極財政派」らしく、思い切った考えを持っていた。

「所得税や住民税の減税に関して言えば、我々の主張は単なる景気対策のための減税ではない。日本の税の仕組みとして直接税が高すぎるから、それを半分にしろということだ。消費税の凍結同様、できるだけ思い切った減税を行うというのがその趣旨だ。今後、規制の撤廃によって国内に新しい産業も育つし、雇用の機会も拡大する。経済活動が活発化すれば税収は上がり、それにより減税分は十分に賄える。さらに、国と地方で一五〇兆円の行政経費がかかっているから、行政改革でこれを一割削減するだけでも一五兆円捻出できる――これが我々の言い分である」

●「合意書が実行されないなら、いつでも政権を離脱する」

しかし、小沢一郎にとって、「泣きつかれて」組んだ自自連立は、あくまで暫定的な措置であった。しかも、連立政権は、壊れやすい「ガラス細工」のような脆さがあった。そうした危惧は、次第に現実のものとなって行く。

小沢一郎は、自分の思いや「合意書」が、連立政権を樹立して間もなく、反故にされていくのを感じた。それは連立相手の自民党内から、「あの合意書はただの紙切れだ」という声が聞こえてきたのである。自由党との連立により、政局が安定感を回復してきた空気にどっぷり漬かる政治家たちの裏切りである。

しかし、小沢一郎は、連立協議のころから、「合意書が実行されないなら、いつでも政権を離脱する」という覚悟を決めていた。自自連立政権が正式にスタートする直前に書かれたビジネス雑誌『プレジデント』(一九九九年二月号)誌上で、すでにこの覚悟が示されていたのである。

小沢一郎は小渕恵三政権下の平成十(一九九八)年十一月十九日、自民党との連立を合意し、平成十一(一九九九)年一月十四日、自自連立政権が発足したが、この特集は、連立政権誕生の直前にまとめられたものであった。

自民・自由両党の間で取り決めた「政策合意」の成否如何では、連立の存続が危うくなるとの考えを当初から持っていた。

「私は今まで理念と政策が一致するならば自民党とでも共産党とでも一緒に力を合わせると言ってきた。新進党時代には、沖縄問題の法案で与党に協力したこともある。ただし、我々の主張を理解してもらって、一緒に実行しようということでなければ意味がない。我々の主張を曲げてまで政権に参加する気は全くない」

連立の維持は、どこまでも「合意した政策の実現」にあり、政権内のポストや得られる利権のためではないことをはっきりと示していた。

「もし、非難されるとすれば、それは合意した我々の主張が全く実行されないのに連立政権を続けたときだ。もちろん、それが自殺行為であることは重々承知している。したがって、われわれは連立政権に参加したが、それは大筋において意見が一致したからであり、もし自社さ政権時の社会党、さきがけのように自民党の政権維持装置として使われるのであれば、ただちに連立は解消する覚悟である」

●小沢一郎は、「連立解消」を言い渡し、決別する

小渕首相は、平成十一（一九九九）年十月四日、公明党との連立に踏み切った。小渕首相、小沢一郎と公明党の神崎武法委員長の三人が集まり、合意したのである。

自自公の三党連立により、小渕政権は、ますます磐石の感を強め、自民党内では、「自由党軽視」の雰囲気が濃厚になってきた。

危惧した通り、「合意書」が実際に反故にされてきていることを悟り、小沢一郎は平成十二（二〇〇〇）年四月一日、小渕首相に直談判した。小渕首相が、「合意書の完全実現」に対し、

「できない」と明言したことから、小沢一郎は、「連立解消」を言い渡し、決別した。

●小渕首相、竹下元首相の「死」を乗り越える

だが、事態は急変する。小渕首相と小沢、公明党代表の神崎武法が平成十二(二〇〇〇)年四月一日夕、首相官邸で会談し、自由党の連立政権離脱問題を協議した。この場には青木幹雄官房長官も同席していた。この席上、小沢は、三党合意書を提示して、

「今国会中に三党政策合意を早期実現すべきだ」

と迫った。安全保障基本方針の策定や国連平和維持軍(PKF)の凍結解除などを強く求めたのである。これに対して、小渕首相が、

「今国会でこれを実現するのは不可能だと言ってもいい。そんなことより信頼関係が保てない」

と述べ、自由党との連立解消を伝えた。小沢が、盛んに政権離脱を言い立てていたので小渕首相や神崎代表が、これを一種の恫喝と受け止めて、不信感を抱いていたのである。

この会談の直後、大変なことが起きた。小渕首相は、記者団の質問に即座に答えられず異変の兆候を示していたが、二日午前一時ごろ、小渕首相が首相官邸で体の不調を訴え、東京都文京区の順天堂大学付属病院に緊急入院した。脳梗塞であった。首相は、そのまま帰らぬ人になってしまった。

また、竹下元首相が平成十二（二〇〇〇）年六月十九日午前零時五十三分、入院先の東京都港区の北里研究所病院で呼吸不全のため死去した。「竹下政治」が、名実ともに終わったのである。

こうした劇的な過程を経て、小沢は、小渕首相、竹下元首相の「死」を乗り越えて、次のステップに乗り出した。今度は菅直人の率いる民主党を相手に、政界に大変化を起こすことであった。ただし、小沢の心中には、

「二度と失敗はしない」

との深い反省を基にする強い決意が秘められているようである。失敗しないためには、「己」を殺し、「捨て身」で取り組むしかない。しかも、今度の場合、小沢は、小選挙区制のメリットをフルに活用して政権を奪取、二大政党政治の実現を本気で考えているように見受けられた。

第7章　小泉・安倍VS小沢

●森首相は、凡庸な「平時向きの宰相」にすぎなかった

小渕政権の後を継いだ森喜朗首相は、「小渕首相の政策を引き継ぐ」と明言した。だが、小渕首相が、本気で取り組もうとした経済・景気政策に対して、意欲的ではなかった。それは、森首相が、「緊縮財政派」言うなれば、「消極財政派」として知られた福田赳夫首相の直弟子であったからである。

大蔵官僚出身の福田首相は、同じ大蔵官僚出身の池田勇人首相や大平正芳首相らの「積極財政派」とは、一線を画していた。森首相は、極めて凡庸な政治家で、小渕首相が熱心に取り組

もうとした「IT革命」下の「デジタル情報革命」の意味も歴史的意義も理解できなかった。「IT革命」を「イット革命」と言い間違えて、多くの人から失笑を買ったほどである。所詮、森首相は、「平時向きの宰相」にすぎなかった。このため、内閣支持率は、二十％前後まで落ちて、政権運営どころではなくなった。平成十三（二〇〇一）年七月の参議院議員選挙を目前にして、「自民党大敗北」が懸念されるなか、同年四月、退陣に追い込まれた。

森政権が、日本経済再生と景気浮揚に効果的な対策を打たず、巨額の不良債権が解消されないまま、失業者や自殺者、ホームレス、さらにニートらが増え、深刻な社会問題となった。

●小泉純一郎は、恩師・福田赳夫首相直伝の「緊縮財政派」であった

そうしたなかで、小泉純一郎が平成十三（二〇〇一）年四月二十四日、自民党総裁に選ばれ、同月二十六日、政権を樹立した。小泉首相も森首相と同じ福田首相の愛弟子であり、経済政策は、恩師直伝の「緊縮財政派」である。このため、公共事業を積極的に行い、雇用を確保し景気を押し上げるための「財政出動」には、まったく興味がなく、「緊縮財政」に専念することになる。公共事業にかかわる「土木・建設利権」から遠いところにいる政治家であるがゆえに、「土木・建設業界」に対する愛情は薄く、むしろ、「借金財政を健全化する」との大義名分を掲げて、「公共事業予算の大幅カット」に力を入れることになる。

小沢一郎が、田中角栄首相の愛弟子として「積極財政派」の系譜にある政治家として、経

済・景気政策の面では、小泉首相とは、水と油のようにどこまでも相容れない関係にあった。

●小泉首相は「恐れず、ひるまず、とらわれず」の姿勢を貫く決意表明した

小泉首相は、同年五月七日、首相に就任して初めて所信表明演説を行い、次のように「構造改革」の具体的な内容について明らかにし、決意表明した。

小泉首相は、所信表明演説のなかでまず、

「私は、『構造改革なくして日本の再生と発展はない』という信念の下で、経済、財政、行政、社会、政治の分野における構造改革を進めることにより、『新世紀維新』ともいうべき改革を断行したいと思います。痛みを恐れず、既得権益の壁にひるまず、過去の経験にとらわれず、『恐れず、ひるまず、とらわれず』の姿勢を貫き、二十一世紀にふさわしい経済・社会システムを確立していきたいと考えております」

と強い決意を示した。そのうえで、「『新世紀維新』実現のため、『聖域なき構造改革』に取り組む『改革断行内閣』を組織しました」と述べて、小泉内閣の使命と役割、そしてその性格を説明した。

●三つの改革を断行すると力説する

この使命を達するために取り組む具体的目標と課題について、小泉首相は「日本経済の再生

を目指して」と銘打って、「経済・財政の構造改革」「行政の構造改革」「社会の構造改革」の三つの改革を断行すると力説した。これまで遅れに遅れてきた「大外科手術」、それを自らの手で執刀しようという猛然とした意気込みである。この三つの構造改革のなかで最優先しているのが、「経済・財政の構造改革」である。それは、次のような内容となっていた。

◎二年から三年以内に不良債権の最終処理を目指す
◎二十一世紀の環境にふさわしい競争的な経済システムをつくる
◎財政構造の改革

最優先の「経済・財政の構造改革」といっても経済構造改革、金融構造改革、財政構造改革などいろいろな構造改革がある。そのなかでも、さらに最優先させていたのが、「不良債権の処理」であり、しかも「最終処理」と明言していた。

●小泉首相は、市場原理主義者・竹中平蔵を経済財政担当相に任命する

そのために小泉首相は、金融改革のプロである柳沢伯夫金融担当相を再任させ、市場原理主義者である竹中平蔵慶大教授を経済財政担当相として新しく任命し、不良債権処理の方法を研究し尽くしている若手の石原伸晃衆議院議員を行政改革相として入閣させた。これだけでも小泉純一郎の並々ならぬ覚悟と決意が感じられた。

ちなみに、竹中平蔵は、米国ブッシュ政権を支えていたロックフェラー財閥の実力者として

知られるデイビッドの人脈に食い込んでいる。デイビッドは、ジョン・D・Jr・ロックフェラー二世の五男で、チェース・マンハッタン銀行会長であり、シティグループとエクソン・モービルのオーナーでもある。傘下に航空機や軍需産業、ゼネコンなどを擁するロックフェラーの本家となっている。竹中平蔵は、デイビッドの配下であるハーバート元大統領経済諮問委員会委員長と親交が厚く、ブッシュ政権の「対日戦略」の影響を受けていたと言われていた。デイビッドはブッシュ政権の実力者チェイニー副大統領（ハリバートン石油会社会長）を支えており、チェイニーに連なるラムズフェルド（前国防長官）、パウエル（前国務長官）も氏の傘下の企業にいる。

●「改革は痛みを伴う」

小泉首相が「二年から三年以内に不良債権の最終処理を目指す」「改革は痛みを伴う」と言ったのは、実は、ソフトランディングではなく、ハードランディングを意味していた。否、景気回復の道はハードランディングしかないということであった。

小泉首相は、二年か、三年以内の「短期決戦」で最終処理をするシグナルを送っていたのである。また、改革を進める手順を示していた。

第一段階では、二〇〇二年度予算で国債発行を三〇兆円に抑える。第二段階では、過去の借金の元利払い以外の歳出は、新たな借金に頼らない。

大外科手術には、当然、大量の出血が伴い、麻酔が切れた後は、大激痛に襲われる場合もある。それを小泉首相は、「構造改革を実現する過程で、非効率的な部門の淘汰を生じ、社会の中の痛みを伴う事態が生じることもある」とはっきりと断言したのであった。

二番目に取り組むのは、「行政の構造改革」である。小泉首相は、「民間にできることは民間に、地方にできることは地方に」との大原則を示し、次のような改革に取り組む。

◎特殊法人等についてゼロベースから見直し、国からの財政支出の大胆な削減を目指す。公益法人の抜本的改革を行う

◎郵政三事業は、予定通り二〇〇三年の公社化を実現し、その後のあり方については、早急に懇談会を立ち上げ、民営化問題を含めた検討を進め、国民に具体案を提示する

◎財源問題を含めて、地方分権を積極的に推進し、公務員制度改革に取り組む

三番目の「社会の構造改革」にあたって、小泉首相は、「教育、社会保障、環境問題等について、制度の改革と意識の転換が必要です」と強調、「環境問題への取り組みは、まず、身近なところから始める」として、「政府は原則として、公用車は低公害車に切り換える」と公約した。

●小泉首相が取り組んだテーマは、三つに集約

これらを整理すると、小泉首相が取り組んだテーマは、大まかに言って、三つに集約できた。

①不良債権の最終処理を行う。(日本ができない場合は、アメリカの金融技術のプロにも関与させる)

②国家総動員法制定(昭和十三年)により敷かれ、戦後も残存され、増強された官僚による経済統制(諸規制)から国民を解放する。

③パソコン、インターネットを使うIT革命に伴い、上部構造(政治・行政・教育・文化など)から下部構造(経済・産業・農業・資源エネルギーなど)まで、「構造改革」を進める。

これらを同時進行させていくというものであった。

●中央省庁に切り込むことはできず、中途半端に終わった

小泉首相は、①の「不良債権の最終処理」については、ブッシュ政権から厳しく尻を叩かれ、平成十五(二〇〇三)年六月十日、「りそなグループに対する公的資金注入を正式決定」して、ようやく、金融機関の健全化への道を開き、所信表明で明言した「二年から三年以内に不良債権の最終処理を目指す」と公約を果たした。

②の「経済統制からの国民解放」は、一部の「規制撤廃・緩和」を実現し、特殊法人の整理・統合・独立行政法人化、国立大学の独立法人化を進め、日本道路公団民営化、郵政民営化などに道筋をつけたものの、頑強な官僚組織の中枢、「本丸」とも言うべき、中央省庁に切り込むことはできず、中途半端に終わった。官僚たちの激しい抵抗には勝てなかったのである。

③の「ＩＴ革命に伴う構造改革」は、パソコン、インターネットの普及により、日本全土の各分野において、「構造改革」が促されたものの、「電子政府」は、未だ実現されていない。改革完了までの道のりは、なお遠いのである。

日本の景気は小泉政権下で、平成十四（二〇〇二）年秋から、サイクル上の「大勢上昇軌道」に乗っていた。だが、小泉首相は、あくまでも「構造改革」の手を緩めず、積極的な景気浮揚策を打ち出すことはしなかった。このため、せっかく、景気を押し上げる絶好のチャンスに恵まれながら、これを活かすことができず、景気がピークに達するまでに、わずか「三年を残すばかり」のとき、退陣せざるを得なかった。日本経済を「マイナス」から「ゼロ地点」に回復できたとはいえ、「プラス」に押し上げるのは、安倍政権に委ねられることになった。

●「構造改革」は「格差社会」という荒廃した惨状を残した

この結果、小泉政権終了後に残ったのは、「構造改革」という劇薬の「副作用」がもたらした、「格差社会」という荒廃した惨状であった。格差は、賃金格差、所得格差、階層格差、企業格差、地域格差など広範囲に及んでいる。小泉政権の五年五か月の間に、市場競争原理を実践するライブドア社長（当時）の堀江貴文や「村上ファンド」社長（当時）の村上世彰らが時代の寵児となり、地道に預貯金に励む貯蓄型の社会からＭ＆Ａを含めた投資型の社会へと日本経済のあり方が大きく変わった。この陰で自殺者は年間三万三千人、ホームレスは、全国二万四千人を記録し、パート、アルバイト、ニートなどの人数が、依然として高水準で推移している。

●小沢一郎は、小泉首相を厳しく指弾

小沢一郎は、小泉純一郎首相が在任中に進めてきた「構造改革」に対して、「格差社会をつくり出した」と厳しく指弾した。

とくに夕刊フジ紙上の連載「小沢一郎の剛腕コラム」の執筆者として、小沢一郎は、筆鋒厳しく、小泉首相を攻撃し続けた。小沢一郎は、これを『剛腕維新』（角川書店、平成十八年八月十日刊）と題する書籍として発刊した。

そこで、批判・攻撃の対象とされた小泉構造改革の中身と、小沢一郎の「日本改造計画」、その後、自由党党首時代に示した「日本復興計画」などと照らし合わせてみるならば、両者の違いが鮮明になり、同時に、小沢一郎からみて、「なぜ小泉構造改革路線ではだめなのか」が、浮き彫りにされてくる。

小沢一郎は、『剛腕維新』の随所で批判している。その部分を、頁に従って、以下、ピックアップしてみよう。

「これほどいい加減で、国民を欺く政権を僕は見たことがない」

「まさに、でたらめな政治家の極みなのだ」

「モラルハザードの最前線」

「小泉内閣は何の理念も原則もなく、また国民に筋道の通った説明をすることもなく、ひたすら米国の要請に応えるためだけに自衛隊をイラクに派遣した」

「まともな精神状態の持ち主ではない」

「ともかく、首相は内閣支持率を上げて、自らの権力基盤を強化するためなら、うそとごまかしを塗り重ねて、北朝鮮による拉致事件でも、日米同盟でも、自衛隊でも平気で利用する。道路公団改革も財政改革もうそばかり。まさに、「自分さえ良ければ」という政治姿勢なのだ」

「中国原潜の領海侵犯事件にしても、東シナ海での天然ガス採掘問題にしても、尖閣問題にしても、小泉自民党率いる日本政府はひたすら官僚的な事なかれ主義を貫いた。自国の主張を明確に伝えることなく、原潜が領海を出た後に海上警備行動を発令するなど、小手先の対応で中国側を刺激しないよう、ご機嫌を取ってきた」

「小泉政治には明確な政治理念や哲学はない。その時々で『これは支持率を上げるパフォーマンスにいい』といった感覚で手をつけるだけだから、うまくいかなくなると放り出してしまう」

「小泉改革とは未来の国民生活を深く考えて提示されたものではなく、単に『民営化すればばいい』という発想から生まれている。そして、少しでも改革に疑問や批判を投げかける者には『敵』『悪』とのレッテルを貼り、自らを『正義の味方』のようにショーアップしていく。冷静に法案の中身を論じることを嫌い、すべてを『敵か味方か』の次元で判断し、混乱を大きくしている」

「小泉政治とは『改革』という名の下で、徹底した弱肉強食の世の中を作ろうとしている。まさに冷酷非常な心の持ち主。人間として温かい心がないのが、最大の問題点といえる」

「小泉政権の四年半を振り返ってほしい。介護保険料引き上げを筆頭にして、厚生年金・共済年金保険料の引き上げ、雇用保険料の引き上げ、老人医療費の改悪、サラリーマンの医療費三割負担、発泡酒・ワイン増税、たばこ税増税、所得税配偶者特別控除の廃止など、国民、特に社会的弱者の負担を増やすものばかり」

「郵政解散・総選挙でも分かるように、首相は権力闘争には敏感で、権力維持のためなら何でもするが、それ以外には極めて無関心。国民への思いやりや使命感、責任感といったものはまるで感じられない。僕はこれを『心がない』と言っているが、北朝鮮による拉致被害者家族への冷酷な態度にもよく現れている」

小沢一郎が、「小泉構造改革」を強烈に批判できるのは、「日本改造計画」や「日本再興計画」で、しっかりした政治理念や日本の将来ビジョン、そして具体的な政策を立案し、そのいくつかを細川政権や自自連立政権時代に、実現したり、その道筋をつけたりしてきているからである。

●日本変革の「三つ」のカギ

ところで、日本変革のカギは、大きくみて「三つ」ある。

第一のカギは、将来ビジョンとこれから向かうべき進路を明確に示すことである。高度経済成長を遂げた日本が、二十一世紀の新しいステージで目指すべきは、「国民資産の倍増」によるクオリティ（質）の向上であることは間違いない。

第二のカギは、既得権益と権限の維持に懸命になっている中央省庁の官僚群との戦いに勝つことである。「政・官・業（財）・学」の癒着の関係を断ち切ることである。

第三のカギは、国際金融資本による日本市場への席捲に歯止めをかけ、守勢から攻勢に転じていく態勢を一刻も早く整えることである。資本主義のグローバル化に即した経済構造の改革である。

●「究極の目標は、個人の自立である」

第一のカギについて、小沢一郎は、自著『日本改造計画』（講談社、一九九二年五月二十日刊）において、「日本再生ビジョン」と「どのように変革するか」の概略を示していた。ビジョン実現のための方法と道筋を示すのが「戦略」である。

「どのように変革するか」という「戦略」について、小沢一郎は、①政治のリーダーシップの確立②地方分権③規制の撤廃という三つの柱を提示し、こう力説していた。

「これら三つの改革の根底にあり、究極の目標は、個人の自立である。すなわち真の民主主義の確立である。個人の自立がなければ、真に自由な民主主義社会は生まれない。国家として自立することもできないのである」

第二のカギについて、小沢一郎は、「小泉構造改革」では、政財官学癒着の「テトラ構造」を打破して、日本を根本的に「改造」することはできなかったと総括している。

第三のカギについて、小沢一郎は、「IT革命」が技術革新が促す必然的なものと捉え、小泉首相の功績にはならないと批判的である。

●安倍首相には、「理念もビジョンもない」とこきおろす

安倍晋三は、『美しい国へ』という著書を出し、平成十八（二〇〇六）年九月二十日、自民党総裁に選ばれて、同月二十六日、第九〇代総理大臣に就任して安倍内閣が誕生した。同月二十九日に行った第一回所信表明演説で、安倍首相は、「日本を美しい国にしたい」と発言し、小泉政権の既得権益の構造の「破壊」から、「美しい国づくり」を打ち出し、「イノベーション」という言葉を盛んに使って、「わが国の成長を本格的に考えなければならない」と述べて、「新成長論」をベースにした演説した。すなわち、「創造」へ動き出したのである。また、憲法九条を中心に憲法改正を考えていると表明した。

だが、国民の大多数は「美しい国とはどういう国かがよく分からない」と言い、「戦前の価

値観への回帰は不快だ」という声もあり、安倍首相は「美しい国」の概念をもっと明確にする必要がある。

安倍首相は、小泉構造改革路線を引き継ぎながら独自カラーを打ち出そうとしている。これに対して、小沢一郎は、「美しい国づくり」に対しては、

「理念もビジョンもない」

とこき下ろしている。すなわち、安倍首相も政財官学癒着の「テトラ構造」を打破して、日本を根本的に「改造」することはできないと見ているのである。

「戦後レジーム（体制）からの脱却」とは、安倍首相の口癖である。だが、その意味するところは、曖昧であり、よく分からない。概念ないし定義が、はっきりしていないからである。安倍首相は、一体、日本国民をどこへ誘導しようとしているのか、行き先不明なのである。

●「現実社会」は、汚濁にまみれている

安倍首相が就任して初めて編成した平成十九年度政府予算は、七兆六〇〇〇億円の税の増収が幸いして、基礎的財政収支（プライマリーバランス）の赤字も大幅に縮小し、明るさが見えた。だが、これは小泉政権を含めて、政治・行政の努力の結果できなく、むしろ民間企業の血の滲むような努力と一般国民に対する「いじめ」の結果であり、手放しでは喜べるようなものではなかった。

ましてや、この政府予算を見る限り、安倍首相がどのような「未来像」を描いているのか、まったく不明である。

「現実社会」は、汚濁にまみれている。電車への飛び込み自殺者は跡を絶たず、線路は血まみれである。警察署霊安室は、殺人被害者の遺体が次から次へと運び込まれて、空室になる暇がない。刑務所の死刑執行室では、このところ、処刑が頻繁に行われている。法務大臣も毎夜、寝付けない日々が続いていることであろう。富士山の麓の青木ケ原は、白骨が至るところから見つかるという。

北海道や日本海側、四国、九州では、中小零細の建設業者や従業員、それらの家族が公共事業によって生活を維持してきたにもかかわらず、仕事が激減して、生活苦にあえいでいる。不況のときにこそ、政府が仕事を創出する義務があるのに、その責任を放棄してきた。景気が上昇しているとはいっても、企業格差や地方格差などがあり、景気状況は、まだらなのだ。

こう見てくると、日本列島は、決して美しくはない。だからこそ、安倍首相が『美しい国へ』という本を書き、所信表明演説でも力説したのであろう。しかし政府予算からは、「美しい国」への道筋すら明らかにされていない。

●〝甘え〟が通用しなくなり、自己責任の原則を日本もまた求められるようになった

ならば小沢一郎が日本をどのような国にしようとしているかを改めて確認しておく必要があ

る。ビジネス雑誌『プレジデント』(一九九九年二月号)誌上の「小渕政権の命運を握る小沢一郎が、九九年政局に向かう新たなる決意を語る――小沢一郎のわが『日本再興計画』」と題する特集から、「経済政策」と「社会保障政策」に焦点を当てて、点検してみると、小沢一郎が、日本をどのような国にしようとしているかが、浮かび上がってくる。

「私の主張は何ら変わっていない。それは、日本が新しい世紀を本当に平和で幸せに暮らしていくためには自己改革をしなければならないということである。日本という国は明治維新以来、官僚が支配する中央集権国家である。戦前は欧米列強に追いつき追い越せで殖産興業に勤しみ、戦後は冷戦構造という世界的な枠組みが日本にとって有利な状況をつくり出し、その結果、驚異的な経済発展を遂げることができた。それを推進する母体になったのは官僚を頂点とする管理社会、規制社会だ。戦前は結局、官僚支配が行き詰まって戦争へと突き進み敗戦で挫折したが官僚機構とその支配構造は生き残り、東西対決という構図の中でアメリカの庇護の下、アメリカの市場と技術を利用して経済発展に専念することができた。官僚の描いたシナリオに忠実に則った、いわば〝社会主義的市場経済資本主義〟によって、少なくとも経済的な成功を享受してきたのである。しかし特に八〇年代以降、世界規模の大変動の中で、戦後の経済成長を支えてきた前提条件が変わってしまった。東西冷戦の終焉によって、経済に専念するためにそれまでアメリカ任せにしてきた国防・外交等の諸問題が大きく浮き上がってくる。一方、経済的にもキャッチアップの目標がなくなり、日本は今まで欧米諸国に任せていた目標を自身で設定しなければならなくなった。冷戦構造の枠組みの中では許されてきた〝甘え〟が通用しなくなり、自己責任の原則を日本もまた求められるようになったのだ」

ここまで読むと、小沢一郎が、安倍首相のように「戦後レジーム（体制）からの脱却」を図らねばならないという共通の問題意識を持っていることがわかる。

●「自分で考え、自分で決断し、自分で行動しなければならない」

しかし、安倍首相が、祖父である岸信介首相を尊敬し、祖父が遣り残したことを実現したいとの思いを強く抱いていると言われていることを参考にするならば、どうしても「戦前回帰」という言葉を想起せざるを得ない。これに対して、小沢一郎は、決して「後ろ向き」ではない。どこまでも「未来指向」の「前向き」姿勢である。

「つまり、今度は自分で考え、自分で決断し、自分で行動しなければならない。ところが、そうなるとお手本があることで成り立つ官僚主導の管理社会ではどうしたらいいかわからなくなって機能不全に陥ってしまった。それが今日の日本の姿なのである」

要するに、政治の実権を官僚の手から国民の手に奪取して、官僚政治を改め、真の民主政治にしようということである。

これは、古い日本を新しい日本に変えていくということに他ならない。新しい日本が、直面するのは、人類史上初めて体験する「超高齢社会」をどのようにして「幸せで豊かな社会」に築いていくかという課題である。

●社会保障経費の増大だが、こちらは消費税を福祉目的化して対応する

安倍首相は、所信表明演説で「継続可能な日本型の社会保障制度を構築すべく……」と演説した。だが、二、三世代が大家族をなすような地域社会はほとんどなくなり、世帯全体の四分の一は単独家庭という状況で日本型社会が成り立つのかどうか疑問である。

どういう国をモデルにするかで日本の産業構造が変わる。逆に言えば産業の変化によってモデルが変わるのである。

トップと前線の社員の間にいる中間管理職は不要だと主張したような企業社会が現実化しつつあり、中央省庁や地方自治体もこの発想に変わってきている。ビジネスでは問屋、卸屋、代理店、販売会社は要らないという「中抜き」の社会へと移りつつあり、そういう社会を根底で支えているのが半導体など種々の技術革新やエネルギー革命なのである。

したがって、急速に下部構造が変わる以上、上部構造も変わらざるを得ない。これからは国民の大半が百歳ぐらいまで生きられる時代になり、団塊の世代が平成十九（二〇〇七）年から定年退職し始め、六十五歳以上の高齢者は間もなく、三千万人になる。人生百年かつ高齢者三千万人という時代に突入するから、そういう社会にあった技術革新や商品開発を考える必要がある。年金や医療保険など社会制度のあり方も変えなければならない。

「残る問題は社会保障経費の増大だが、こちらは消費税を福祉目的化して対応する。社会保障の給付を維持したければ、消費税の税率を上げて国民に負担してもらう。給付が下がってもいいなら、消費税は据え置きでいい。そもそも消費税の福祉目的化で社会保険料を下げようというのが我々の政策だ。究極的には社会保険料をゼロにする。消費税をそんなに高くしなくてもそれは可能だ。ところが、勤労者層からはなかなか支持する声が上がってこない。連合も賛成しない。社会保障経費の増大に対する危機感がまだ低いということなのだろう」

日本の年金制度は、すでに破綻しており、もはや末期症状である。安倍首相と民主党の小沢一郎代表が平成十九（二〇〇七）年五月三十日、党首討論を行い、「年金問題」をめぐり激突した。その直後に、衆議院厚生労働委員会において、与党が年金時効撤廃特例法案を強行採決するとは、ほとほと呆れ果ててしまう。穴だらけの年金制度をいくら繕っても、「破れ傘」を元通りにするのは、不可能である。国民年金加入者の半分以上が、保険料の未納者という現実を知れば、この制度が、存続困難であることは、誰の目にも明らかである。

この際、すべての年金制度を根底から改め、新しい制度に切り替えて出直した方がよい状況になっている。この意味で小沢一郎の「消費税を福祉目的化する」という政策は、いまも色あせていない。それどころか、ますます精彩を発揮し、輝きを増してきている。

第8章　小沢一郎と憲法改正問題

●日本国憲法施行から六十年を経て国民投票法が制定される

国民投票法が平成十九（二〇〇七）年五月十四日の参議院本会議で、自民、公明両党の賛成多数で可決、成立した。施行は三年後の平成二十二年（二〇一〇）五月とされているので、実際に日本国憲法改正案が、国会で発議できるのは、平成二十二年（二〇一〇）五月以降ということになる。

国民投票法は、憲法第九十六条（改正の手続き、その公布）の規定を受けて、憲法が昭和二十二（一九四七）年五月三日に施行されて、六十年を経てようやく制定された。憲法第九十六条は、次のように規定されている。

「①この憲法の改正は、各議院の総議員の三分の二以上の賛成で、国会が、これを発議し、国民に提案してその承認を経なければならない。この承認には、特別の国民投票又は国会の定める選挙の際行はれる投票において、その過半数の賛成を必要とする。

②憲法改正について前項の承認を経たときは、天皇は、国民の名で、この憲法と一体を成すものとして、直ちにこれを公布する。」

●アメリカは憲法を押し付け、すぐに憲法九条改正を要求する

マッカーサー憲法と言われるこの憲法は、大日本帝国陸海軍が武装解除され、日本領土が軍連合国軍最高司令部（ＧＨＱ）によって占領されていた状況下、最高司令官のマッカーサー元帥の命令によって英文で作成、和訳されて、日本政府に提示された。日本側は、大日本帝国憲法の改正手続きに従って、国会で成立させた。

ところが、米ソ東西冷戦が始まった直後、アメリカは、日本列島をアメリカ防衛の最前線基地とみて、「再軍備」すなわち、大帝国陸海軍再建の必要性を痛感して、憲法九条改正を非公式に要請してきた。アメリカは憲法を押し付け、すぐに憲法九条改正を要求してきたのである。憲法がいかにアメリカの都合によって押し付けられたかを物語る皮肉な話であった。

●憲法改正を党是とする自由民主党が結党される

平和の訪れも束の間、朝鮮動乱が戦争に発展し、冷戦が熱戦に発展し、最終戦争と言われる核戦争の危機が現実化する可能性を強めるなか、アメリカは、共産党極左による火炎瓶闘争が激化し、社会党左派と右派が統一し日本社会党が誕生した日本で社会主義革命が起きるのを強く警戒し、日本の保守勢力（自由党、民主党、国民協同党など）が大同団結することを期待した。これを受けて、保守勢力は昭和三十（一九五五）年十一月十五日、財界のバックアップを得て、自由民主党を結党した。

自民党は、党是の柱の一つに「第九条」（戦争の放棄、戦力及び交戦権の否認）の改正を最大目的とする「憲法改正」を掲げ、全自民党員の宿願、悲願達成を目的に、党内に「憲法調査会」と「選挙制度調査会」を設置し、改正のための条件づくりに専念することになった。

●「小選挙区制度」は憲法改正発議に必要な勢力形成のための手段

しかし、衆議院議員選挙が、「中選挙区制度」の下で、「保革互角」の対立状況の下では、国会が改正を発議するのに絶対必要な「各議院の総議員の三分の二以上の賛成」という条件を整えるのは、至難の技であった。

このため、選挙制度を選挙結果が劇的に変動する可能性のある「小選挙区制度」に改正することが必要となった。あるいは、「護憲」を標榜する改憲反対勢力を衰退ないし壊滅させなくてはならなかった。「小選挙区制度」は、憲法改正発議に必要な勢力形成のための手段として意識されたのである。

ただし、この段階では、保守勢力が衆参両院において「三分の二」の大勢力を形成することが最大の目標とされ、政権交代可能な「保守二大政党制」というのは、まだまったく意識されていなかった。

●小選挙区制導入の公職選挙制度改正案の国会上程を断念する

小沢一郎は、自民党員として当然、憲法改正論者であった。田中角栄門下となり、田中角栄内閣が昭和四十八（一九七三）年四月十日、小選挙区制採用を表明した際には、公職選挙制度改正案の国会上程を目指して、縁の下の力持ちとして活発に働いた。

しかし、社会、民社、公明、共産など全野党が同月二十四日、反対の院内闘争を決定し、五月十一日、野党が国会審議を全面拒否したことから、政府は同月十六日、ついに国会提出を断念せざるを得なくなった。小選挙区制導入に失敗したのである。

以後、自民党政権は「改憲」のチャンスを窺っていたが、「機が熟す」までにはいかず、歴代首相政局安定を最優先して、「憲法改正のつもりはない」と発言を繰り返していた。

●湾岸戦争が勃発し、アメリカから「血の貢献」を求められる

ところが、十八年後の平成三（一九九一）年一月十七日、ペルシャ湾岸の多国籍軍が対イラク「砂漠の嵐作戦」を開始、湾岸戦争が勃発して状況が大きく変わってきた。アメリカが、日本政府に自衛隊派遣を求めてきたからである。

時の政権を自民党幹事長として支えていた小沢一郎は、海部俊樹首相に、自衛隊派遣を促したのに対し、元来、平和主義者で鳴らした三木武夫元首相の愛弟子であった海部首相は、「憲法九条」を盾に逡巡し、結論が出なかった。

ペルシャ湾を臨む中東を戦場とした湾岸戦争は、朝鮮戦争やベトナム戦争、イラン・イラクなどとは違い、石油の大半を中東に依存する日本にとっては、対岸の火事として傍観できるものではなかった。「シーレーン防衛」を超える大問題であり、無責任な態度を取れなくなっていた。

アメリカから、「カネの貢献」に止まらず「血の貢献」を求められ、「憲法九条」「国際貢献」との関係をどうバランスを取るか、もはや「憲法九条」の枠内では対処できず、「憲法改正」に踏み切らなくては国際情勢の変化に適応できなくなっているのではないかの検討を迫られたのである。

●自民党内に小沢調査会を設置する

これを受けて、小沢一郎は急遽、自民党内に「国際社会における日本の役割に関する特別調査会」（通称・小沢調査会）を設置し、平成三（一九九一）年六月六日、初会合を開いた。

宮沢喜一政権下、小沢調査会は平成五（一九九三）年二月三日、調査結果を「国際社会における日本の役割―安全保障問題に関する提言―」と題する報告書としてまとめ、宮沢首相（自民党総裁）に提出したことは前に述べた。

報告書は、「憲法と国際貢献」の関係について、こう述べている。

「憲法第九条においては、まず憲法前文の精神に沿って『正義と秩序を基調とする国際平和を誠実に希求』すると宣言しており、その宣言を受けて、我が国として、自国の利益のために世界の平和秩序を破壊するような戦争・武力行使を放棄している。国際平和の維持・回復のために国連が行う実力行使に日本が参加・協力することは、『正義と秩序を基調とする国際平和を誠実に希求』する日本国民にとって当然のことであり、まさに憲法第九条の精神に沿ったものである。そして、そのような国運の実力行使に対し日本が参加したとしても、それは国運の行動の一環であってもはや日本国の主権発動の性格を有しないものであり、憲法第九条の放棄した戦争・武力行使とは全く異質のものと考えられる。

これまでの政府解釈は、国際平和をどのように維持・回復するかについて国際的に十分な合意がなく、それへの日本の協力が求められておらず、日本自身そうした協力を行う力がなかった時代の産物であり、もはや妥当性を失っていると考えられる。

このように、国際的な合意に基づき国際的に協調した形で海外で国際平和の維持・回復のための実力行使を伴う協力を行う場合について我々が行う憲法解釈は、これまで議論されてこなかった政府解釈の空白を埋めるためのものである。

いずれにせよ、憲法第九条について、国際環境の変化とその中での日本の立場を踏まえて、どのような解釈をすべきか、今一度国民的な議論が必要な時期に来ていると考えられる」

小沢調査会は、アメリカと良好な関係を保とうという考えに立ち、小沢一郎の意向を受けた起草委員が、報告書をまとめようとしていたのだが、小沢一郎が、自衛隊ないし別部隊を「国連の決議の下で国連の指揮で活動させる」道を開こうとしたのに対して、宇野宗佑内閣で防衛庁長官を務めた山崎拓らが「九条の国権の発動ではない」という論拠に立ち、「そんなことはさせない」と言って、潰しにかかったという。すなわち、自衛隊を動かすには、「国権の発動」でなくてはならず、いかに「国連の決議の下で国連の指揮により活動させる」と言っても許されないという理論である。

●憲法第九条に新たに『第三項』を付け加える案

小沢一郎は、著書『日本改造計画』の「第二部　普通の国になれ」において、「日本国憲法と平和活動」という項目を設けて、「憲法」について触れて、以下のように述べている。

「実際にどのようにして、国際社会の正義と秩序を維持していくのか。それは世界の国々が加盟し、かつ唯一の平和機構である国連を中心とする以外にない。したがって自衛隊を国連待機軍として国連に提供し、その平和活動に参加することは、憲法前文の理念、第九条の解釈上可能であるだけでなく、むしろ、それを実践することになる。

この活動は、第九条が禁じている国権の発動、つまり日本独自の判断による海外での武力行使とは形式上も実態上も明らかに異なる。二つは厳格に区別して考えなければならない。

ただ、現行憲法には国際環境への対応に関する明確な規定がない。だから、憲法の解釈をめぐっていつまでも不毛な論争が繰り返される。この論議に決着をつけるために、私は二つの案を持っている。一つは、憲法第九条に新たに『第三項』を付け加える案である。現在の条文は次のようになっている。

『第一項　日本国民は、正義と秩序を基調とする国際平和を誠実に希求し、国権の発動たる戦争と、武力による威嚇又は武力の行使は、国際紛争を解決する手段としては、永久にこれを放棄する。

第二項　前項の目的を達するため、陸海空軍その他の戦力は、これを保持しない、国の交戦権は、これを認めない。』

この次に、たとえば次のような条文を付け加えるのである。

『第三項　ただし、前二項の規定は、平和創出のために活動する自衛隊を保有すること、また、要請をうけて国連の指揮下で活動するための国際連合待機軍を保有すること、さらに国連の指揮下においてこの国際連合待機軍が活動することを妨げない。』

このように自衛隊の性格と役割について明文化しておけば、一部の人たちがいう。『なし崩しの解釈改憲』の心配も一掃できる」

政府が、内閣法制局の厳格な憲法解釈により、足枷を嵌められながら、まるで尺取虫のようにジワジワと「拡大解釈」を積み重ねて、事実上の「改憲」、つまり「解釈改憲」を続けて憲法を「骨抜き」にしていることに、小沢一郎は大きな危険を感じていたのである。

「第三項」を付け加えるには、どうしても憲法改正が必要となる。

●憲法はそのままにして平和安全保障基本法をつくる

「もう一つの案として、憲法はそのままにして、平和安全保障基本法といった法律をつくることも考えられる、基本法には、すべての主権国家に固有の権利として、日本が個別的自衛権を持ち、そのための最小限度の軍事力として自衛隊を持つこと、また国連の一員として平和維持活動には積極的に協力し、そのために国連待機軍を持つことを明記する。さらに、軍縮、核兵器の廃絶といった目標や、軍事に対する政治の優位といった原則も盛り込んだらいい。繰り返しになるが、国連の平和活動への協力などは、いまの憲法のままでもできるし、しなければならない。しかし、ＰＫＯの派遣などは、憲法制定当時に存在していなかった事態だから、憲法には規定がない。その欠落部分を基本法という形で埋めておこうということだ。そうすれば、なし崩し的な軍事大国化などという誤解を避けることもできるし、新しい時代の平和主義の中身をすっきりした形で示せるのではないだろうか」

この考えは、一見すると、「護憲」のように受け取れるけれども、基本は、「解釈改憲」にしっかりと歯止めをかけようとするものである。憲法改正は、自民党の党是であるから、この宿願、悲願はいつの日か果たさなくてはならないにしても、憲法改正には、相当のエネルギーを要する。改正を実現するまでの暫定的な措置として、「平和安全保障基本法」を制定して、「解釈改憲」をさせなくして、しかも「国際貢献」を果たそうという考えである。

●アメリカからは「集団的自衛権行使」を求められる

しかし、現実には、日本政府はアメリカの要請を受けて、相変わらず、「解釈改憲」を続けている。小沢一郎には、それがあまりにも無原則に見えている。

アメリカでブッシュ政権が平成十三(二〇〇一)年一月二十日にスタートしたが、前年秋に行われた大統領選挙の最終盤、リチャード・アーミテージ(ブッシュ政権の国務副長官に就任)が中心になり、アメリカと日本のパートナーシップに関心を持つ超党派グループが、研究レポートをまとめた。いわゆる「アーミテージレポート」である。このなかの「安全保障」の項で、こう書かれている。

「日本が集団的自衛権の行使を禁止していることは、同盟への協力を進める上での制約となっている。これを解除することにより、より緊密で効率的な安保協力が可能になるだろう。これは日本国民だけが決断できることである。米国は、これまで日本の安保政策の性格を形成する国内的な決定を尊重してきたし、これからもそうあるべきである。しかし、ワシントンは日本がより一層大きな貢献を行い、より平等な同盟のパートナーとなろうとすることを歓迎する旨を明らかにしなければならない。我々は、米国と英国の間の特別な関係が、日米同盟のモデルになると考えている。こうした準備には以下の要素が必要となる」

要するに、「アーミテージレポート」は、日本に対して、「集団的自衛権の行使ができるようにせよ」という要求である。

●自民党国防部会は「集団的自衛権の行使などを可能とする方法」を説く

これを受けて自民党政務調査会国防部会は平成十三（二〇〇一）年三月二十三日、「わが国の安全保障政策の確立と日米同盟――アジア・太平洋地域の平和と繁栄に向けて」という報告書をまとめ、ブッシュ政権の要望に忠実に応えようとした。まず「集団的自衛権の行使などを可能とする方法」について説く。そのサワリの部分は、以下の通りである。

「集団的自衛権の行使を可能とする方法は、①政府の解釈の変更、②憲法改正、③新たな法律の制定、④国会の決議、などが考えられる。われわれとしては、早急に実現可能とする方策を検討した結果、従来の政府解釈の変更を求め、それとともに、例えば国家安全保障基本法というような新たな法律を制定し、その中で『集団的自衛権の行使』『国連の集団安全保障への参加』などの範囲を明確に規定する方向での検討を進める。また、この場合、自衛隊の武力組織としての位置付けも、併せて明確に規定することが重要である」

次に、防衛庁の「省」移行の実現や自衛官の処遇の改善について、述べている。

「国防は、国家として国民に対して果たすべき責務の最たるものであり、国防を所管する国の行政機関を、わが国のように、他の行政機関より一段低い『庁』（エージェンシー）に位置づけている国は、世界で皆無である。冷戦終結後、自衛隊の任務が増大し、国の内外からの期待が益々高まるなど、国政の中における防衛の重要性が増大している中で、各種の施策を強力に推進していくため、防衛庁の『省』への移行の早期実現を図る。

自衛官は、国防の第一線にあって、任務遂行に当たり、事に臨んでは危険を顧みず、身をもって責務の完遂に務めることとなる。われわれは、自衛隊を国防に任ずる武力組織として正当に位置付けるとともに、自衛官をその武力組織の構成員として明確に位置付け、その社会的な地位や、栄典を含む隊員の処遇の向上を推進する」

●「ショー・ザ・フラッグ」

ブッシュ政権が誕生し、続いて、小泉政権が生まれた平成十三（二〇〇一）年の秋、すなわち、「九月十一日」、アメリカで同時多発テロが起きた。アメリカは同年十月七日、英国とともにアフガニスタンに対する空爆を開始、湾岸戦争から十年、日本は、「ショー・ザ・フラッグ」（日章旗を見せよ）というアーミテージ国務副長官の言葉に象徴されるようにアメリカの要請を受けて、テロ対策特別措置法を制定し、ついに海上自衛隊を派遣して、米軍を後方支援するところまで進んできた。

アメリカは、海上自衛隊のイージス艦出動を日本政府に期待したが、実現しなかったことで失望したものの、日本にＰＫＦ参加を踏み出させ、ロッキード・マーチン社製の新型戦闘機を中谷元防衛庁長官に売り込み、ＮＭＤ計画のために膨大な資金を提供させ、そのうえアフガニスタン復興の最大のスポンサーを日本に任じさせようとしたのである。さらにアメリカは、小泉純一郎首相に憲法の改正準備を暗に促せた。

アメリカは、アフガニスタン空爆に成功した勢いで、平成十五（二〇〇三）年三月十九日、米英両軍がイラク攻撃を開始した。これに小泉首相は、自衛隊をイラクに派遣するなどして、アメリカを支援してきた。この間、日本は、有事法制を整備した。

●小泉政権のなし崩し的、場当たり的なやり方を厳しく批判

憲法改正を党是としている自民党の歴代政権は、いわゆる護憲勢力の反対や世論の動向に阻まれて改憲に踏み出せないできた。事実上「解釈改憲」をずるずると続けていた。しかし、小泉政権も例外ではなく、憲法改正をしないで、これまでの「拡大解釈」を積み重ね、このままでは、憲法九条が空文化してしまうのは、目に見えていた。

アメリカのブッシュ政権が、国連の決議も経ないで、イラク攻撃をして占領している状況下にあっても、アメリカの要請に応えて、小泉政権は自衛隊をイラクなどへ派遣するための特別な法律を時限立法によって制定し、安倍政権もこれを引き継いでいる。こうしたなし崩し的、場当たり的なやり方に小沢は、厳しく批判の矢を浴びせ、ついに倒閣からさらに政権奪取に向けて立ち上がったのである。

●安倍首相が、「集団的自衛権の行使」の研究を指示する

安倍首相は、小泉首相が、日米同盟関係強化を一気に進めた「外交防衛路線」を引き継ぎ、平成十九（二〇〇七）年一月九日、自民党国防族や防衛関係者の悲願であった防衛庁の「省」への昇格を実現させている。

また、チェイニー副大統領が同年二月来日し、イラクへの二万人増派を決めたことに理解を求め、自衛隊派遣の継続を要請したのに対し、これに応ずる意向を示している。そのうえで、安倍首相は、「集団的自衛権の行使」の研究を指示し、首相の私的諮問機関「安全保障の法的基盤の再構築に関する懇談会」（座長・柳井俊二前駐米大使）を設けている。初会合が同年五月十八日に開かれ、秋に提言をまとめる段取りにしている。憲法が改正されない段階で、「集団的自衛権の行使」に道が開かれると、これも明らかに解釈改憲となる。

●小沢一郎が、安倍首相の「対米追従姿勢」に苦言

小沢一郎は平成十九（二〇〇七）年五月十三日、テレビ朝日の報道番組に出演し、安倍晋三首相が検討している集団的自衛権の部分的な行使容認について、

「どういうビジョンの下に、国際社会の中で日本が地位を占めるかがない。何となく米国と協力するたぐいのことだ」

と厳しく批判した。安倍首相の「対米追従姿勢」に苦言を呈したのである。

●自民党が、「新憲法草案」を正式に発表する

一方、自民党は国会に設置された憲法調査会の報告を受けて、平成十七（二〇〇五）年十一月二十二日に開いた結党五十周年記念大会で、「新憲法草案」を正式に発表している。まず、「前文」について、こう書いている。

「日本国民は、自らの意思と決意に基づき、主権者として、ここに新しい憲法を制定する。

象徴天皇制は、これを維持する。また、国民主権と民主主義、自由主義と基本的人権の尊重及び平和主義と国際協調主義の基本原則は、不変の価値として継承する。

日本国民は、帰属する国や社会を愛情と責任感と気概をもって自ら支え守る責務を共有し、自由かつ公正で活力ある社会の発展と国民福祉の充実を図り、教育の振興と文化の創造及び地方自治の発展を重視する。

日本国民は、正義と秩序を基調とする国際平和を誠実に願い、他国とともにその実現のため、協力し合う。国際社会において、価値観の多様性を認めつつ、圧政や人権侵害を根絶させるため、不断の努力を行う。

日本国民は、自然との共生を信条に、自国のみならずかけがえのない地球の環境を守るため、力を尽くす」

●**前文に「愛国心」仕込み、第九条に「自衛軍」を規定する**

現行憲法の前文よりも、半分くらい短くなっている。だが、この短文に、「日本国民は、帰属する国や社会を愛情と責任感と気概をもって自ら支え守る責務を共有し」という文章が織り込まれ、いわゆる「愛国心」を高揚させようという意図を仕込んでいる。

「第二章　安全保障」では、「第九条」（平和主義）を次のように規定している。

「日本国民は、正義と秩序を基調とする国際平和を誠実に希求し、国権の発動たる戦争と、武力による威嚇又は武力の行使は、国際紛争を解決する手段としては、永久にこれを放棄する」

「第九条の二（自衛軍）①我が国の平和と独立並びに国及び国民の安全を確保するため、内閣総理大臣を最高指揮権者とする自衛軍を保持する。

②自衛軍は、前項の規定による任務を遂行するための活動を行うにつき、法律の定めるところにより、国会の承認その他の統制に服する。

③自衛軍は、第一項の規定による任務を遂行するための活動のほか、法律の定めるところにより、国際社会の平和と安全を確保するために国際的に協調して行われる活動及び緊急事態における公の秩序を維持し、又は国民の生命若しくは自由を守るための活動を行うことができる。

④前二項に定めるもののほか、自衛軍の組織及び統制に関する事項は、法律で定める」

現行憲法と比較すると、「第九条」の「①」は同じである。しかし、「②前項の目的を達するため、陸海空軍その他の戦力は、これを保持しない。国の交戦権は、これを認めない」の規定は、消されている。この代わりに、「自民党案第九条の二」が、新設され、「自衛軍」が明記されている。

●自衛軍の最高指揮権は内閣総理大臣が保持、国連指揮下の「国連待機軍」を完全否定

この「自衛軍」は、日本を守るために活動するいわゆる「専守防衛」に徹し、他国への侵略戦争は禁止されている。しかし、「法律の定めるところにより、国際社会の平和と安全を確保するために国際的に協調して行われる活動及び緊急事態における公の秩序を維持し、又は国民の生命若しくは自由を守るための活動を行うことができる」と規定し、国際貢献としての武力行使と海外にいる邦人保護を目的とする武力行使を認めている。

自衛軍の最高指揮権は、内閣総理大臣が保持するとしており、小沢一郎が、自衛隊（もしくは自衛軍）を「国連の決議の下で国連の指揮で活動させる」としているのとは、決定的に相違

している。小沢一郎の持論である将来の「国連正規軍創設」を前提としてつくろうとする「国連待機軍構想」を完全否定しているとも言える。この裏には、山崎拓の一国の軍隊を動かす大権である「統帥権」は、どこまでも「内閣総理大臣」が掌握していなければならないという考え方がある。

●「安倍さんは理念や哲学をもとにした結論を言っていない」

安倍首相は、所信表明演説や施政方針演説で、「憲法改正」を公約し、平成十九（二〇〇七）年七月の参議院議員選挙では、「憲法改正を争点にする」と明言している。

こうした安倍首相の姿勢に対して、小沢一郎は、前述の平成十九（二〇〇七）年五月十三日、テレビ朝日の報道番組のなかで、

「安倍さんは憲法であれ何の問題であれ、理念や哲学をもとにした結論を言っていない。占領下でつくったから駄目だというだけだ」

と述べ、安部首相の「国家ビジョン」が定かでない点を批判した。安倍首相は、解釈改憲により「集団的自衛権行使」に道を開くことができれば、もはや改憲が必要ではないという一種のパラドックスに陥っている面がある。しかも、安倍首相には、祖父・岸信介元首相が憲法改正に取り組み、成し遂げられなかった宿願、悲願を在任中に自らの手で実現したいという私的な動機に囚われているようにも見える。

日本が戦後六十一年、どこの国とも戦争をせずに平和を維持してくることができたのは、現憲法の平和主義のお蔭というところがある。この事実に目をつむり、私的動機だけで憲法改正に懸命になるというのでは、理論が薄弱である。改憲に臨むには、やはり、しっかりした国家像や理念、哲学、戦略を持って行うべきであるという思いを力説したのである。

第9章 「日本一新」の戦略と戦術

●民主・自由両党が合併に合意する

自由党の小沢一郎党首が、平成十五（二〇〇三）年七月二十三日、東京都港区赤坂にある党本部の記者会見場に姿を現した。通常国会の延長国会最終日（七月二十八日）までわずか五日残すばかりのことであった。

会場は、ガタガタとざわめいていた。小沢が姿を現すと、水を打ったように静まりかえり、緊張のなかにも興奮した空気が漂う。詰めかけた記者たちは、一斉に小沢の方に神経を集中し、何を語り始めるかを待ち構えるように、注目する。

この日の読売新聞朝刊が「民主・自由　合流交渉へ」と派手な横凸版の大見出しと縦見出しで、一面トップ記事を掲載していたからでもある。読売新聞の「特ダネ」である。これを朝日新聞夕刊が「自由、合流受け入れ打診――民主に一定条件提示」との見出しで一面左肩に記事を掲載し、追いかけていた。報道合戦の熾烈な加熱ぶりが会場に熱気を加えていた。小沢がマイクの前に座り、口火を切り、両手でペーパーを持って、読み上げ始めた。

「ただいまの、民主党・菅代表との会談について、ご報告を申し上げます。二人で話し合いをし、合意書に署名して、両党代表の合意を得ましたので、まずそれを読みます」

「民主・自由両党の合併に関する合意書」

日本は経済・政治・社会のあらゆる分野で弱体化し、進むべき方向性を見失っている。その最大の原因は、政治が真の意味での指導性を発揮していないことにある。今日の自民・公明連立の小泉政権に真の指導性を期待できないことは、この二年間の小泉政治を見れば誰の目にも明らかなことである。日本再生のためには、自民党内の総理交代ではなく、政権与党と総理を替える本格的政権交代が何よりも急務である。

平成五（一九九三）年の細川政治改革政権により、政権交代可能な小選挙区中心の選挙制度が導入されたが、その後の二度の総選挙では野党間の選挙協力体制が構築できず、政権交代は実現していない。「仏つくって魂入れず」の状態にある。よって両党は「小異を残して大同に着く」覚悟で、左記のように合併することで合意した。

記

一、民主・自由両党は平成十五年九月末日までに合併する。
二、両党合併に伴う存続政党は民主党とし、現在の自由党は合併と同時に解散する。
三、合併後の新政党の代表は民主党の菅直人代表とし、新政党の運営は現在の民主党執行部によって行う。
四、合併後の新政党の規約、政策、マニフェスト等は、現在の民主党のものを継承する。
五、総選挙の候補者調整及び擁立は、平成十五年九月の両党合併までに完了させる。なおその際、小選挙区の候補者調整については、前回小選挙区で当選した者及び比例区との重複立候補で当選した者のうち、惜敗率の高い者を優先することを原則とする。
六、両党の合弁を円滑に実現するために、両党は速やかに両党幹事長を責任者とする「合併準備委員会」を設置し、合併準備を進める。

平成十五年七月二十三日
民主党代表　菅直人
自由党代表　小沢一郎

●小沢が経緯を説明する

こう読み上げた後、小沢は、合意に至るまでの経緯とこれ以降の自由党幹部や所属議員などへの了解取りつけなどの手続きについて、説明した。

「以上が合意でありまして、とくに私どもにとりましては、昨年の鳩山代表以来、半年経過した五月には合併はしないということで、全く白紙に戻った話でありまして、私どもとしては、自由党として総選挙に向けて、党体制をつくりスタートしたところでございましたけれども、菅直人代表のほうから話がございまして、今日の合意になったということであります。従いまして、私どもとしては、党首としての私と菅代表との合意でありまして、まだ何も党内に図っておりませんので、明日、幹事会、両議院総会を開きまして、できるだけ全員の了解を得たいと、そのように考えております。以上です」

小沢の新たな動きである。それと言うのも、民主党との合併話はもともと小沢が持ちかけていた。それが、半年にわたって迷走した挙げ句、平成十五（二〇〇三）年五月二十六日、小沢がピリオドを打つ形で、いったんは白紙に戻っていた。

それだけに、急遽、合併が決まったことから、読売新聞の特ダネ記事を通じて、国民に大きな衝撃を与えた。

●自由党を解党する

興奮感と緊張感が入り交じる会場の空気を打ち破るかのように、詰めかけた記者団のなかか

から質問が飛び出る。記者の一人が、

「自由党が民主党とどのような形で合併するのか」を聞いた。

小沢が、少しムッとしたような顔つきで答える。

「これはあなた方も、法律をちょっと読んで勉強していただくとおわかりになると思います、一部のマスコミでも全くそのへんの理解のない報道がありましたけれども、複数の政党が合併するときには二つの方法があります」

読売新聞や朝日新聞の報道内容が、正確でないと言いたいらしい。

「一つは、複数政党は全て解散して同時に新党を結成するという場合です。もう一つは複数の中で、ひとつの政党が存続政党として他の政党が解散して合併する。合併にはふたつの方法があります。今回の合併については、民主党を存続政党として両党は合併するという方法を手続きして行うということであります」

記者がさらに追いかけるように
「合併の手続きは確かにそうかも知れませんが、民主党の政策はそのまま、執行部もそのままということで、自由党が解散する中身が、そもそもよくわかりませんが……」

と聞きかけたところで、小沢が、

「手続きでも……」

と答えかける。記者の質問は、続く。

「自由党が解散する理由をお聞かせください」

小沢は、バッと言い切る。

「手続きでも解散するんですよ」

記者には、自由党が解散するということが、にわかには飲み込めない、十分に理解できないといった様子である。本当に解散して民主党に吸収されてしまうのか。解散するとなると、自由党が掲げてきた政策をどうするかが問題なる。自由党と民主党の政策が一から十まですべて同じだったわけではないからである。「対等合併」ならばいざ知らず、「解散」となれば、自由党の政策はどうなるかが、当然、疑問となる。

●大同団結して協力し総選挙を戦う

自由党の政策の具体的「中身」を放棄して民主党に「丸呑み」されることになるのか。そんなことをしたらこれまで国民に訴えてきた自由党の政策、公約は一体何だったのかと追及されないか。国民にどう説明するのか。怪訝な表情だ。記者が疑問を含んだ質問を投げかける。

「実質的なことでも……」

「中身は、私どもが（民主党に）入るんですから、何にもなくなるわけではありませんよ」

「政策なりですね……」

「政策というのは党内で議論することでしょう。われわれの主張は持っておりますし、みんなでの議論に参加するわけですから。もちろん大勢の人たちと一緒になるときは、お互いに政策論であれ政治論であれ、お互いに調和させていく以外にないわけですから」

確かに、政治というのは、いろいろな社会集団の利害を調整して、実現を図っていくものである。自分の意志を一方的に押しつけて、軍門に下してしまう軍事とは決定的に違う。

言い換えれば、「妥協」を繰り返して立つのが政治の目的と言っても過言ではない。畳みかけるように質問を浴びせられて、小沢の顔つきがだんだんと険しくなる。イラついた表情になって、「お前は政治を知らないいな」とでも言いたそうな顔つきとなる。それに対して、記者も負けていない。

「非常に大きな決断だったと思うんですが、決断されたその理由をお聞かせください」

「あなたは普段（党首記者会見や懇談に）来ていないからご存じないかも知れないけど、自民党政権を倒して、政権交代を図るためには、野党が大同団結して協力して総選挙を戦わなければならないというのが、私どもの主張であります。民主党もそのような視点に立って、この決断をしたということであろうと思っております。私はさらにこのことによって、その他の党派のみなさんも、この段に一致協力して大同団結して、政権交代を図ろうという決意決断してくれることを、期待もしております」

小沢は口をへの字に固く結び、会場を見回す。自由党にしても、党勢拡大に限界が見えていて、小沢一人がいかに頑張っても、子飼いのいわゆる「小沢チルドレン」と言われる若手の政治家を増やせない。民主党とて同じことで、結党当時に国民から受けた熱気もいまは冷めていて、頭打ちである。

ここで野党が一つにまとまって行動しなければ、衆参両院において、多数を確保するのは、未来永劫不可能ではないかという絶望感まで漂い始めていた。この現状を打破するには、もはやこれしか手がないと小沢は考えたようであった。

●目標、ただ一点、政権交代を図る

しかし、それでも、記者たちには、小沢の覚悟と決意のほどは、伝わらなかった。まだ納得できないと言って口調で、

「多くの自由党支持者があるなかで、自由党に対する思いというものもあると思うんですが、党首としてはどうお考えですか」

と問い質す。

「私は政党というものは、自らの政策を掲げ、それを実現するものでありますけれども政党そのものの存在は、その手段でしかありません。政党の存続が目的ではありません。自民党が自民党の存続と政権の維持が目的化しているところに、今日の政治の混迷があります。私はそういう意味において、その手段について何の未練も何の感傷もありません」

そう言って、一瞬、間を置く。そこで力を込めて、

「目標、ただ一点。政権交代を図る」

そう言って、とくに「目標」と言ったときの小沢の声は、一段と力がこもっていた。また間を置いて、静かな口調で、

「そこです」

と自ら言い聞かせるように、キッパリと断言した。記者たちをにらみ回しながら、グラスを手にして、水をグイと一口飲む。目はわずかながら、ウルウルしていた。

小沢は、自分一人のメンツなどどうでもいいと考えているようだった。いまの日本に必要なのは、閉塞状態に陥っている日本を一新するためには、自民党・公明党の無責任な政権を変えること、この一点でしか突破口を開けない。これが国民のためにも国のためにもなると思っていたのである。

「われわれの主張として、同じ思いを抱く者が、(それぞれ政策を)持っているということは何の問題もありません。一つの政党のなかでそれぞれの具体的な考え方や手法について、みんなそれぞれ持っているでしょ。自民党などは一八〇度違う人が一緒になっているじゃない。われわれと民主党も違いはあってもみんなそれぞれ持っているでしょ。ただ私たち自由党として、われわれの集団のなかで主張するものは、あるものはこのまま生きているんだし、ただ新しい大きな政党になるとすれば、その主張を少しでもその政党の中で実現するようにみんなでいろんな議論してやっていくということはあります。だけどお互いにやはり譲歩しなければいけな

いでしょ。大勢でやっていけば」

●一兵卒として全力を尽くす

ここで記者からは、合併の内容から、小沢と菅との会談の模様について、質問が移る。

「会談は和やかなムードでしたか？」

「会談は、喧嘩してやっているわけではないね。和やかに、しかし真剣にやりました」

「どういう会談のやりとりでしたか？」

「いま申し上げましたように、いつも言っていること、政権交代しなきゃいけない、総選挙に勝たなければならない、その一点ですよ、注文も。向こうも大真面目です。そうでなければ合意になるわけがない。その一点。われわれが動かした最大の要因です。それは常識的な話です」

記者は、会談のやりとりを聞き出すことによって、発表会見で話される内容から、もしかしたら公表できない何かが隠されているのではないかと疑いの目を向けて、懸命に探ろうとした。

「役職について……」

「まったく出ません」

「小沢党首としては？」

何か具体的なポストを要求したのか。条件は示さなかったのかを確かめようとする。

「まったくありません。われわれはそんな意思は全くありません。一兵卒として、ただ一点、総選挙に勝って政権を交代させる。そのために全力を尽くす」

まさに西郷隆盛が言ったように「捨て身」の覚悟で臨んでいた。

「執行部を引き継ぐ……？」

「われわれは、ポストは何も求めておりません。あとは菅代表が、いままで通りやるのか、どうするのか。いままで通りで、われわれは異論ない。われわれはポストは求めないということを言っているのです」

●民主主義は選挙しかない

「民主党の中には、今回の合流は自民党目当ての合流ではないかと思われかねないという声……？」

「そんな声は、私は聞いておりませんので、そういう伝聞の話にはいつも私は答えておりません。一般論として申し上げます。さっきから言っているとおり、民主主義は選挙でもって政権を奪取する以外に方法はありません。極端に言ったら、全ての、毎日の政策の執行も努力も議論も発言も、全て選挙に勝つためです。なぜそれが悪いのですか。選挙以外に政権をとる方法はないでしょ。民主主義というのは、選挙で決めるんじゃないの？　選挙に勝つために、一生懸命に政治活動をしているんでしょ。そういうアプローチの仕方をすれば、各政党は一生懸命に国民に受けがいい政策をしよう、支持される政策をしようと言っているんでしょ。選挙に勝つためにということがおかしいと思うほうが、おかしい。民主主義は選挙しかないんですから」

「合意文書のなかで、惜敗率を優先するということですが……」

「基本的に、菅代表の民主党の意向もそうだということです。原則的にそうだということです。選挙を勝たなければいけませんから、勝てない奴を原則だからと立てるわけにはいきませんから」

「今の民主党の政策が最低限受け入れられるものとして判断してのことでしょうか？」

「だから後は、われわれは一つの党になるんですから、そのなかでもっといいものがあろうと思えば、その中で議論していいとなればそうすればいいんです」

「現在あるもので、受け入れられないものはないということ、受け入れられるということでしょうか？」

「受けられないものはないではなくて、絶対思想ではない。あなたがたが言っているのは、違うだろうが。みんなで議論して、みんなの最大公約数をまとめる以外にないのではないか。三十人のわれわれは、われわれの十一の法案に代表される政策を合意してまとめたんです。それが二百人になるんです。二百人のみんなの中で、われわれ個人の主張は落として、ここはこういうふうにやったらいいんじゃないだろうかということが、みんなの中で多数の合意を得られるようになれば、それはそれでいいし」

「その他の党派のみなさんも一致協力してということが言われていましたが、民主党以外の党ということですか？」

「もちろん。そういうことも期待できればいいということですよ。この両党が合併することを契機にして、そういうような動きになれば、尚よろしいことであろうということです」

「民主党内はもちろん自由党内にもいろんな意見があると思われますが」

「最初に言ったように、うちの方としては、民主党から呼びかけられて半年経って、民主党から『ノー』と言われて、それでまた話し掛けられた。単独でやろうといって頑張ってスタートしていた矢先ですから、そういう意味では非常に、みんなのなかの心中は複雑だと私は思っております。しかし、民主党が合併の決断をして、菅直人代表も決断して、そういうお話であるならば、総選挙を勝ち取るために、政権交代するためには、協力してやったほうがいいに決まっているんだから、この際、そういうことは乗り越えていかなくてはいけないだろうということで合意しました。ですから、私はそういうことで明日、みんなに、自分の同意に至った考え方、判断を説明してみんなの理解が得られるようにしたいと思います」

これで記者会見は終わった。小沢は、険しい顔からやっとホッとした表情に変わった。サッサと足早に会見場を立ち去った。

小沢は翌二十四日、自由党の幹事会に出て、合併合意までの経緯を報告して、了承を得た。

●自民党は、冷ややかな

小沢が、自由党を解党して民主党と合併すると聞いて、小泉首相（当時）は、「自由民主党になるの？」と訝った。森喜朗前首相は「これは、おかしな滑稽な話じゃないかな。結局は選挙かカネということなのかな」と冷ややかな反応ぶりである。東京都知事の石原慎太郎は「私は政治家として、彼は認めません。非常に危険な政治家だな。民主党は分裂をしますよ」と批判的である。

また、江藤隆美元建設相は「もうひとつ自民党ができるかと思ってびっくりしとった。一体政策論議はどこへいったの？」「自由党のね、極右的な意見と、民主党の絶対譲らんという社会党系の集団というのは、一緒になれないはずよ。またどうせ分裂するじゃろうからな」と馬鹿にしている。太田誠一元総務長官は「鳥小屋に野犬が入るということかもしれない。全部食われてしまうかもしれない」ともっと手厳しい。浜田幸一元衆議院議員は、「まあ小沢君、行くところもないしね、行くとすればあそこぐらいしかないでしょ」と高みの見物を決め込んでいた。

●いつもの悪いクセが出てきた

それでも、小沢は、意気軒昂であった。

「私は、菅代表を全面的に支え、菅政権をつくります」

菅直人と小沢一郎は、連日のようにテレビ画面に映し出されるようになった。二人仲良く並んでキャスターなどからの質問に応えている。

小沢は、菅を立てるように、いつもいささか控えめである。どことなく、狼が猫撫で声で話すようで気持ちが悪いくらいであった。長年就職浪人していた息子を父親が付き添ってきているような感じもする。

小沢が、民主党の前代表であった鳩山由紀夫に秋波を送り、合併話を持ちかけたとき、私は、

「またいつもの悪いクセが出てきたな」

くらいにしか思っていなかった。

もちろん、鳩山に示した条件のなかに、「自由党解党・民主党への吸収」「ポストは一切要求しない」などという「捨て身」の覚悟を示すようなものはなかったので、とにかく「一緒にやろう」という程度に軽く受け止めていたのである。その意味では、私自身、冷ややかに眺めていたといってよい。それには、当然の理由があった。

●いわゆる「小沢アレルギー」

小沢一郎は自民党を壊して、新生党をつくったかと思えば、新進党をつくって、これも壊し、その後、自由党をつくり、ここから分裂して出来たのが、保守党であった。悪く言えば、小沢

は日本の政治を「おもちゃ」にしてきたともいえる。

このため、小沢が、ここにきて自由党を民主党と合併させると言っても、まともに受け取る人は、少なかった。とくに小沢に恨み骨髄の自民党のなかには、たとえば、宿敵・野中広務(元官房長官)のように、

「壊し屋の小沢が、また政界をかき回そうとしている。今度は、何を企んでいるのか」と訝りながら、心の中で馬鹿にしている人が多かった。

小沢と行動をともにしながら、訣別した政治家は、民主党に少なからずいる。これらの人々の大半は、民主党と自由党が合併して、また小沢と席を同じくし、政治行動をともにするのを嫌がっていた。いわゆる「小沢アレルギー」である。

●自分を押さえることができる政治家に

そのおぞましき小沢が、鳩山に食指を動かして失敗してからというもの、いささか腐り気味であった。そこへ菅からいきなりアプローチがあったのだから、喜びもひとしおであったろう。それは、まるで、

「私を担ぎ上げてくれ」

と言わんばかりであった。菅にしても、海部や細川、羽田が、小沢に担ぎ上げられて、小沢の手のひらの上で踊らされていたのを百も承知のはずである。早い話が、

「小沢さん、あんたの言いなりに踊るから総理大臣にしてくれ」

と言わんばかりであった。

しかし、小沢一郎は、かつての小沢ではなかった。自民党を飛び出してからこれまで成功と失敗を繰り返してきた政治歴を深く反省している。

「あのときのような失敗は、二度と繰り返しはしない」

傲慢、強腕と言われ、多くの仲間からも嫌われてきた。だからといっていま、決して好々爺になっているというのではない。外見から見れば、依然として「強面て」ではあり、何ら変わっている様子はない。けれども、内面は、大きく変化し、政治家として大きく成長していると見てよい。これも端的に言えば、

「自分を押さえることができる政治家になった」

ということである。それゆえにこそ、

「ポストは求めない。一兵卒として菅代表を支える」

と言い切れたのである。この言葉を口にするようになるとは、十年前、五年前、いや三年前の小沢を知る者にも、およそ想像もつかなかったに違いない。

●成功と失敗の繰り返しを反省する

ならば、小沢がこの十四年間の成功と失敗から得た教訓は、何だったのだろうか。一言で言

えば小沢自身が自覚しているように、小沢の歩みは失敗の繰り返しであった。

それも、利害得失で動き、離合集散は当たり前の権謀術数渦巻く政界では当然のことであった。嫉妬と怨嗟と羨望、裏切りと騙し合い、足の引っ張り合いと追い落とし、スキャンダル合戦、舌戦、怪文書が飛び交い、脅しや面従腹背、買収と供応などが日常的に繰り広げられる。新聞、雑誌、テレビ、ラジオなどのマスコミによって、政治的に暗殺される政治家も跡を絶たない。政界はまさに百鬼夜行するドロドロした世界である。

政治家が、この世界で一つの理想・理念を実現するのは、至難の技である。海千山千あるいは、一癖も二癖もある「食えない人間」になるか、よほど老獪になるかしなければ、この世界を上手に泳いでは渡れない。

強腕の小沢といえども、例外ではなく、すべてが順調に進んできたわではない。試行錯誤、失敗の連続であった。それも、小沢の政治家としての「未熟さ」「若さ」「青さ」ゆえの誤算や失敗も少なくなかった。いかに強腕でもって強引に自分の意志を押しつけて実行させようと思っても、人も物事も、期待通りには動かず、思うようにはならない。それが世の常であることを、傲慢さにとりつかれていた小沢が気づいていなかった。政敵の成り振り構わない「逆襲」にすら迂闊にも油断していたのである。

●「日本改造計画」が、「小沢版マニフェスト」の原型に

「日本改造計画」で提言ないし提案されている政策のいくつかは、すでに実現され、いまの政界で実行されている。小沢が、自民党を離党してこれまで十四年の間に政権与党に参加していた期間は、せいぜい一年そこそこである。それにもかかわらず、著書に盛り込まれた政策の多くが、実現・実行されているというのは、ある意味で驚異である。それは、小沢がいかに政界に対して、起爆力の大きい政策を提言・提案し、しかも政治的な影響力を与えてきたかを示す証左であると言ってよい。

●小沢が提言・提案した「首相官邸の機能を強化」政策が実現

これらの内容のなかで、小沢が提言・提案した「首相官邸の機能を強化」するための具体策として、「補佐官制度を導入」「あくまでも首相が中心」「総合調整機能の充実」を示していた。これらは現在、かなりの域まで取り入れられている。首相官邸に「危機管理室」が設けられているのも、その一例である。

小沢は、「与党と内閣の一体化」を提言・提案していた。具体的には、「官僚が決定権者か」という問いかけで、「百六十人の議員が政府に」「官庁も政治家主導で」というものであった。英国の流儀に習った方法である。これに対して、現在の政府は、各省庁に従来の「大臣」「政務次官」という役職を、「大臣」「副大臣」に改め、これに「政務官」を新設して、与党の国会

議員を役所に送り込んでいる。送り込んでいる政治家は、まだ十分とはいえないまでも、小沢の政策が、実現を見ている例の一つである。

小沢は、国会での委員会審議に従来「政府委員」という形で、高級官僚が国会に出入りして、質問に応える法式を批判していた。これを政治家が原則的に答える方式に改めるよう提言・提案していた。政府委員は、参考人という形になり、委員会の片隅に下げられ、答弁席には、政治家が立つようになっている。これも小沢の功績の代表例の一つに数え上げなくてはならない。

小沢は、「選挙制度」について、「なぜ小選挙区制度がいいか」という項において、『四位一体』の改革」「政治にダイナミズムを」「一億二千万人の目で政治資金を監視」「議員は国会の仕事を」と提言・提案していた。小選挙区制導入については、すでに前述したように、「比例代表制」という「コブ」のような制度がついているとはいえ、「七分」の前進を見ている。

●小沢の先見性の高さを証明

地方のあり方について、小沢は「全国を三百の『市』に」と将来の目標を示した。これは、小沢が当時の自治官僚の協力を得て、執筆中に、自治官僚が密かに温めていた政策を強引に聞き出して、著書に取り入れたものだった。「三百の市」からは、江戸時代の「三百諸公」という言葉を思い出す。市町村合併を増加させつつ、ついには都道府県と市町村の地方自治体の二重構造を改めて、「三百の市」にしようという遠大な計画である。

総務省（旧自治省、郵政省など）は目下、市町村合併を全国的に推進中であることを見れば、小沢が「日本改造計画」に記述した提言・提案が、徐々に実現されて行っていることを知る。これも小沢の先見性の高さを証明している例の一つである。

●民主党第六代代表に選ばれる

民主党は平成十八（二〇〇六）年四月七日、東京・紀尾井町の赤坂プリンスホテルで、両院議員総会を開き、党所属の衆参両院百九十二人のうち、百九十一人が出席して、前原の後任を決めるため「代表選挙」が実現した。小沢一郎と菅直人の二人が、揃って立候補し、選挙戦は、一騎打ちとなった。両候補は、正々堂々と政見演説を行った。小沢は演説のなかで、以下のように決意表明した。

皆様、小沢一郎でございます。いま、民主党が直面している危機を乗り越えて、もう一度、政権交代を実現する体制を確立するために、私は私の全てを賭けて、本日の代表選挙に立候補いたしました。どうぞ、皆様よろしくお願いいたします。

政権交代こそが、日本の真の構造改革であります。私はその信念に基づき、十三年前、自民党を割って出て、同志と共に細川連立政権をつくりました。

そして、二年半前、自由党を解党して、民主党に合流いたしました。民由合併にご尽力くださった当時の代表・鳩山さん、菅さんをはじめ、皆様には本当に感謝をいたしております。

民由合併の原点は、政権交代可能な二大政党制を日本に確立することでありました。ところが今、民主党は極めて深刻な危機に直面しております。このままでは、二大政党制そのものが崩れ去り、政権交代が永久に起きないという、民主主義では極めて閉塞的な事態に陥ってしまう恐れがあります。

私は、三十六年間に及ぶ政治家としての経験と思いの全てをかけて、この局面の最前線に立ち、ここにいらっしゃる一人ひとりの同志と共に、この事態を真正面から受け止めて、民主党の信頼回復を果たし、再度、政権交代への狼煙を上げたいと思います。

民主党への合流を決断したとき、民主党こそが自民党に代わって政権を担い、政治を官僚の手から国民の手に取り戻して、国民に夢と希望を与えることができると、確信をいたしました。だからこそ、私は、それまでの全てを投げ捨てて、民主党に入ることが出来たのだと思います。

私は、民主党で暖かく迎えられ、多くの同志に巡り合いました。それは私の政治生活において、自由党とともに捨ててきたものを上回る大きな財産であります。ましてや、この代表選挙において、幅広い同志の方々からご推薦を頂いたことは、望外の喜びであり、今こうして政権発表の壇上に立っていることが、信じられないような気もいたしております。

その民主党が、今、いわゆる堀江メールの問題による、極めて深刻な危機に直面し、あと半歩しかないというような崖っぷちに立たされているのであります。今、同志の皆様のご厚情を意気に感じ、もはや若くはなくなりましたこの体に、最後の鞭を入れて立ち上がりました。命懸けで難局を乗り越え、民主党への国民の信頼を取り戻したいと思います。

ここで二大政党制と、政権交代の火を消しては、国民に申し訳が立たない。日本を見捨ててしまうことになるのであります。このままでは、私の政治生活の幕を閉じるわけにはいきません。ただ、ただ、その一念で民主党と国民の為に立候補を決意した次第であります。その気迫によってしか、信頼回復は出来ないのではないでしょうか。また、ここで身を捨てることが皆様への唯一の恩返しの方法であると信じております。

民主党再生の要諦は、ただいま菅さんからも、お話、縷々ございましたけれども、挙党一致の実現であります。先の世界野球選手権、WBCの日本チームは、一度は敗退かと思われたときに、選手一人ひとりが、個性を発揮して、持てる力を全て出し切って世界一の座、金メダルを獲得いたしました。民主党もオールキャストで、全員が力を出し切れば、政権交代という金メダルを必ず獲ることが出来ると確信しております。まずは、来年の参議院選挙には、私と民主党の命運を賭けて臨まなければなりません。民主党内では、参議院の存在感がますます高まっております。自民党、公明党を、参議院過半数割れに追い込み、そして一日も早く衆議院総選挙を実現して、一気に政権交代を果たさなければなりません。参議院議員選挙の必勝のために、参議院議員の皆様、そして衆議院議員の皆様とともに、今から全力で走り出したいと思います。

それでは、具体的に私の政策につきまして、その一端を申し上げたいと思います。

日本は、今、デタラメな小泉政治の結果、屋台骨が崩れ、迷走を続けております。それを立て直すには、明確に理念と設計図が不可欠であります。その理念は、「共生」共に生きるということであります。人間と人間との共生が平和の問題であり、人間と自然との共生が環境の問題であり、その両面で日本が、世界のリーダー役を果たしていかなければならないと考えております。市場万能主義が、世界全体を覆って、ともすれば地球環境や人の命よりも、お金や利益が優先されがちな昨今の日本社会や世界の中で、私たち日本人は千年以上も前から共生の知恵として和の文化を築いて参りました。それだけに私は、共生の理念と政策を世界に発信できる能力と資格が日本人には十分にあると考えております。特に、人間と人間との共生、いわゆる平和の問題について言えば、日本国憲法の理念に基いて国連と中心とする安全保障の原則を確立するとともに、日米関係を基軸にしながらも、中国、韓国をはじめとする近隣諸国との関係を改善して、アジア外交を強化しなければならないと思います。

次に、内政の重要な課題を三点申し上げます。

第一に、新しい日本を担える人材を育成するため、人づくりを何よりも重視したいと私は考えております。今日の日本社会の荒廃は、日本人の心の荒廃そのものであります。このままで推移すれば、日本は本当に滅亡への道を歩んでいくに違いありません。先日、お目にかかりました瀬戸内寂聴さんの言葉を借りれば、日本社会を立て直すには、百年かかるとのことでありましたけれども、私は従来からどんなに頑張ってもワンジェネレーション、三十年はかかると主張してまいりました。いずれにせよ、人づくりの問題は、短期間に成し得るものではありません。今から政府が、全ての国民が、真剣に取り組んでいかねばならない重要な課題であると考えます。

第二に、地域の自主性と個性を重んじる地域主権の国づくりを実現し、政官業のもたれ合い構造と官僚主導の中央集権体制を打破しなければなりません。その第一弾として私は、中央省庁からのひも付き個別補助金は全廃して、全て自主財源として地方に一括交付して、地域のことは地域で決められるような、真の地方自治を実現しなければならないと思います。

第三に、経済社会の真の構造改革であります。小泉政治は、自由と身勝手を混同した結果、まさに弱肉強食の格差社会という妖怪を生み出してしまいました。本当の自由とは、誰もが共に生きていける共生の理念が前提であります。そしてそれを補強する、規律と責任を伴うものであります。その共生のルールが公正というものでありましょう。民主党の政権構想の基本は、これまでの党内論議をふまえつつ、政治・経済・社会の全てにおいて、筋の通った公正な国をつくることだと考えております。それによって初めて、デタラメな小泉改革によってボロボロになってしまった日本を建て直し、本当に豊かで世界からも尊敬される日本を築くことが出来ると信じます。

一部の勝ち組だけが得をするのは、自由ではありません。公正でもありません。私たち民主党の目指すべき社会は、黙々と働く人、努力する人、正直者が報われる公正な社会であります。その公正な国づくりのビジョンに基いて、政策立案、国会論戦、日常活動の全てにおいて、自民党との対立軸を明示していかなければなりません。

私自身が、戦いの先頭に立ちます。その準備として既に、十三年前に世に問うた「日本改造計画」をさらに具体化させ、新しい日本の設計図を国民に明示する著書を執筆中であります。その設計図をもとに、党内論議をさらに深め、合意を得たうえで、民主党の政権構想を高く掲げて、来年の党一地方選挙、参議院選挙を戦い、必勝を競うと考えております。

また、もし私が代表に選出されても、任期の切れる九月には、党所属の地方議員、党員、サポーターも参加する代表選挙を実施し、よりオープンな形で徹底した政策論議を行わなければなりません。このように挙党一致を実現してこそ、民主党ははじめて、国民は一度は政権を任せてみたい、さらに安心して政権を任せることができるような、信頼され、安定感のある野党第一党になることができるのだと思います。

最後に、私は今、青年時代に観ました映画「山猫」のクライマックスのセリフを思い出しております。イタリアの統一革命に身を投じた甥を支援している名門の公爵に、ある人が、「あなたのような方が、なぜ革命を支援するのか?」と訊ねました。バート・ランカスターの演じる老貴族は静かに答えました。「変わらずに生き残るためには、変わらなければならない」横文字で言いますと、「We must change to remain the same」ということだそうですが、確かに人類の歴史上、長期にわたって生き残った国は、例外なく、自己改革の努力を続けました。そうなんだと思います。よりよい明日のために、かけがえのない子どもたちのために、私自身を、そして民主党を改革しなければなりません。まず私自身が変わらなければなりません。そして、皆様に支えて頂きながら、民主党を改革し、そして日本を改革しようではありませんか。私は、この戦いに政治生命の全てをつぎ込んで、ひたすら目標に邁進し続けることを皆様にお約束いたします。皆様のご理解とご支持をお願いいたします。ありがとうございました。

投票の結果、小沢が一一九票、菅が七二票をそれぞれ獲得し、小沢が、四七票の差をつけ、第六代代表に選出された。

終章　政治家小沢一郎

●政治家は、「二つの相矛盾する目的」を成就しなければならない職業である

小沢一郎という「政治家の核心」は、どこにあるのか。どこに見るか。言い換えれば、小沢一郎はこの日本をどういう国にし、国民をどこに導こうとしているのか。

この問題を解明するには、大前提として、ドイツの社会科学者マックス・ウェーバー流のいわゆる「職業としての政治家」が、いかなる習性を持っているかをしっかりと把握しておく必要がある。そうすれば、「政治家・小沢一郎」の本質に迫ることが可能になる。

ややこしい言い方になるけれど、政治家というのは、「個人として私的な存在」であるとと

もに「社会的な存在」として、「二つの相矛盾する目的」を同時に成就しなければ、「自己実現」できない職業である。

もっと抽象的に言うと、まず一個の人間として「私的な存在」である政治家は、「私的な権力欲」（非合理性＝正）と、「公的な政治目的」（合理性＝反）という二つの矛盾したものを、それより一段と高いものに調和統一（合）する、すなわち「止揚」（アウフヘーベン）させることによって、自己実現できるという意味である。

「公のために一身を挺する」「国家国民のために身命を賭する」という自己否定による「倫理化」を図り、そのことによって権力を手にでき、「私的な権力欲」を満足できる。これは一種のパラドックスである。

●政治家が発する表向きの言葉と本音とが、いつも一致しているとは限らない

それゆえに、一つだけややこしいことが起きる。政治家が発する表向きの言葉と本音とが、いつも一致しているとは限らないということである。それは、決して「ウソ」をついているという意味ではない。政治家と国民・有権者との関係から生ずることなのである。

政治家は、「権力欲」の塊であり、「地位」や「名誉」や「資産」などを追い求める、言うなれば、「俗物」である。

しかし、自由と民主主義の国において、プロの政治家になるには、「選挙の洗礼」を受けて

議席を獲得する必要がある。議員バッチがなければ、政治力を思う存分発揮することは難しい。そのためには、自分自身を国民・有権者にアピールして売り込み、議席を獲得しなければならない。これは、どう見ても「売名行為」なのだが、自分自身という「商品」を国民・有権者に買ってもらうための、レッキとした「売り込み交渉」である。

●政権与党にいる方が、政治力や政治手腕をより発揮できる

政治家は、「議員バッジ」を武器に、権力闘争に専念する。権力を得なければ、国民・有権者との「約束（公約）」を果たせないうえに、「国民の意思と利害の調和平均点」を求め、「利害調整」するパワーも十分には発揮できない。ましてや「ヒラ議員」以上の「ポスト」や「名誉」、「利権」などを築くことはできない。

また、政治家は何の権力も権限も持たない野党でいるよりは、政権与党にいる方が、政治力や政治手腕をより発揮できる。政権与党の政治家ともなれば、政治過程において、様々な「政治交渉」「外交交渉」に携われる。

「タフネゴシエーター」として難しい交渉も粘り強く交渉を続け、上手にまとめ上げることができれば、その功績功労が認められ、さらに高い地位を授けられて、ますます「上昇」して行ける。

●「公的目的」を実現でき、その見返りとして「私的な欲望」も満足できる

この結果、天下国家、国民のために奉仕する「公的目的」を実現でき、その見返りとして「私的な欲望」も満足できるということである。政敵とも渡り合い、外交交渉にも携わり、より高度な交渉術を身につけつつ、年功を重ねベテラン政治家ともなれば、「古狸」とも渾名されて「老獪さ」をも発揮できるようになれる。このなかから、「巨悪」と称されるような「悪徳政治家」さえも生まれてくるのである。

政治は、国民統治の技術である。同時に、国民の意思と利害の調和平均点を求め、これを基調としてその運用を律する「利害調整の技術」でもあるからだ。政治とは、「交渉の集大成」である。利害が激突する世界なるがゆえに、権謀術数が渦巻き、賢者の明哲も悪意の心理操作もすべてそろっている。

●「政治屋（ポリティシャン）」と「真の政治家（ステイツマン）」の違い

政治家は、日々を「権力闘争」に明け暮れている。「天下万民のため」という大義を掲げながら、政敵との間で数々のポストや利権を争奪しつつ、勢力を拡大し、民意による正統性を得て政権を獲得していく。この政治過程において、政敵どうしが政治折衝を繰り広げる。お互いに交渉技術を縦横無尽に駆使し「ポスト」「名誉」「カネ」「利権」を奪い合い、相対立する「利害」を調整し調和点を求めていくのである。

この政治の世界において、「私的な権力欲」を剥き出しに「ポスト」「名誉」「カネ」「利権」を漁る政治家を「政治屋（ポリティシャン）」といい、「天下万民の幸福実現」に身命を賭す政治家を「真の政治家（ステイツマン）」という。両者は、「月とすっぽん」の違いがある。

●「総理大臣になること」と「日本一新すること」

さて、前置きが少し長くなってしまったが、小沢一郎の「政治家の核心」を「私的な権力欲」（非合理性＝正）と、「公的な政治目的」（合理性＝反）という二つの矛盾したものについて分析してみよう。

小沢一郎の「私的な権力欲」とは、言うまでもなく究極的には「総理大臣になること」である。「公的な政治目的」とは、明治維新のときのように「日本を一新すること」である。

「私的な権力欲」は、「あの人のようになりたい」という憧れがある。「あの人」とは、著書『日本改造計画』のなかで明言しているように「大久保利通、伊藤博文、原敬、吉田茂の四人」である。その理由について「何よりも時代の大きな変化に直面して、果敢に国づくりを推進したことだ」と言い切っている。歴史書好きな小沢一郎は、明治維新の功労者「西郷隆盛」に人間的な魅力を感じている。

この「私的な権力欲」は、小沢一郎の場合、その志の高さゆえに、そのまま「公的な政治目的」と重なり合ってくる。しかし、皮肉なことに、いきなり「総理大臣」になってしまえば、

「あの人」のようにはなれないという矛盾に逢着した。日本では、そのときどきの政局を運営する「総理大臣」に就任して、自民党総裁の任期を満了してしまうと、「一丁上がり」である。政治の現場から一段上に祭り上げられてしまうのが慣わしであるからである。

小沢一郎は、心臓疾患という持病を抱えている弱点もあるけれど、その気になれば、総理大臣になることは可能であった。だが、それを断り、海部俊樹や宮沢喜一や細川護熙を担ぎ上げて、「黒子」に徹してきたのであった。それは「日本一新」を満願成就させたいという「大仕事」があったからである。

●自民党政治の「腐敗」と「米ソ東西冷戦の終結」

自由と民主主義の国である日本を「大きく変える」には、薩長が成し遂げた明治維新や戦後民主化を断行させた連合国軍最高司令部（ＧＨＱ）のように「武力」で行うことはできない。

小沢一郎に「日本一新」の必要性を強烈に意識させたのは、一つには、自らが権力の中枢にいて自民党政治が、「腐敗の極み」に転落したことであった。政治の父であり、師匠・田中角栄がロッキード疑獄事件で逮捕され、裁判のすべてを傍聴した。同門の大先輩・竹下登がリクルート疑獄事件で首相退陣に追い込まれ、最大の後見人だった金丸信が、佐川急便事件で逮捕され、無念の死を遂げたのである。

もう一つは、ソ連東欧諸国が平成元（一九八九）年に崩壊し、米ソ東西冷戦が終結したのに伴い、日本でも「五五体制」が事実上解かれたことである。日米安保条約によりアメリカ軍の「核の傘」の下、外交防衛の枢要をアメリカ政府の意向に委ね、日本は、経済活動に専念することができた。だが、ソ連からの軍事的脅威が薄らぎ、「反共の砦」としての日本列島の役割も大きく変わってきた以上、日本の政治のあり方は、根本から変わらなくてはならなくなったのである。

●「戦後政治のあり方」を根本的に「改革」しようとした

小沢一郎は、こういう「歴史の裂け目」から、装いを新たにして政治の舞台に再登場せざるを得ないという自覚を強烈に抱いたのである。自民党内でも、後藤田正晴をはじめ「改革」の必要性に気づき、「体制内改革」を目指し、「政治改革」に着手し、熱心に取り組んだ政治家も少なからずいた。だが、竹下登や小渕恵三、橋本龍太郎らは、既得権益を死守しようとするあまり、改革に反対し、激しく抵抗する政治姿勢を取り続けてきた。

これに対して小沢一郎は、「戦後政治のあり方」を根本的に「改革」しようとしたのである。それも自民党内にいて、「体制内改革」をするつもりでいたのが、「新党さきがけ結党」に煽られ、「行きがかり」的に「弾み」で自民党を飛び出たとはいえ、小沢一郎が目指したのは、どこまでも、「新しい政治のあり方」を築くことであった。その「戦略目的」を達成するためならば、「戦術」として政党どうしの「離合集散」は厭わないという覚悟であった。

●「二大政党に収斂されていく」

この心情をよく表しているのが、前述したビジネス雑誌『プレジデント』（一九九九年二月号）の特集「小渕政権の命運を握る小沢一郎が、九九年政局に向かう新たなる決意を語る――小沢一郎のわが『日本再興計画』」であった。このなかで、こう述べている。

「私は政権交代可能な二大政党制を長年提唱してきた。今回の自自連立はそれに相反すると見る向きもあるが、決してそんなことはない。逆に今回の連立によって政治の対立軸は徐々に明確になっていくと思う」

「戦後政治と言うが、辛辣に言えば、戦後に政治は必要なかった。政治はすべてアメリカがやってくれたのである。日本は経済に専念すればよかったし、その反映として、自民党は政治思想や政治理念により結束する必要はなかった。混乱した戦後社会の中から何とはなしに皆が集まって構成された党だ。ゆえに、転換期である今、身動きが取れなくなってしまっている」

「しかし、今回の連立協議を通じて、我々は政策論で政治が動くように仕向けた。談合で裏でくっついたり離れたりするのはやめよう。大っぴらに政策で合致するかどうかで決めよう、と。きちんとした将来のビジョンを踏まえて議論しなさいと、自民党に突きつけて主張してきた。新進党は考え方が違うということで、それぞれの勢力に分かれた。自民党も自民党内で政策・理念についてどんどん議論をすればいい。

大きい政府がいいのか、小さな政府がいいのか。官僚を頂点とした管理社会でいくのか、より自由な社会でいくのか。国際協調を基本にした社会にするか、それとも内向きの閉鎖的な社会のままでいるのか。安全保障論、憲法論なども大いにやるべきだ。いまだ、各党の中でそれぞれ主張が喰い違っている。しかしやがては、そのねじれが解消され、二大政党に収斂されていくと私は考えている」

「そのときに自由党が存続しているか否かなどというのは問題ではない。国民にとっては与党が何党であろうが、総理大臣が誰であろうがどうでもいいことだ。私が入閣しようがしまいが、それは大きな問題ではない。いかに国民の平和で豊かな生活を守り発展させていくかが大切なのである」

●自民党が半世紀も「権力の座」に居続けていること自体、異常である

これらの一連の文章に、小沢一郎の「私的な権力欲」と「公的な政治目的」がよく示されている。「いかに国民の平和で豊かな生活を守り発展させていくか」という「公的な政治目的」を実現するための「理想的な政治のあり方」を求めていくと、民主主義の正常な姿としてどうしても自然に「二大政党政治」に収斂して行かざるを得ないと予測もし、意欲もしていることがよく窺える。自民党が昭和三十（一九五五）年十一月十五日以来、細川政権、羽田政権下のわずか「十か月」を除いて、約五十一年、半世紀も「権力の座」に居続けていること自体、異

常であり、民主主義国として不健全であり、「権力腐敗」に陥るのは、当たり前である。「権力浄化」のためにも、「政権交代」は不可欠なのである。「政権交代」への思い、「政権交代」を日本の政治に根付かせることへの小沢の思いは、本物と見てよい。

●憲法改正は、「急ぐ必要はない」

日本国憲法の改正問題も、実は「いかに国民の平和で豊かな生活を守り発展させていくか」という「公的な政治目的」の重要な柱の一つである。この意味から、小沢一郎が、「国連中心主義」の立場に立ち、「国連の平和維持活動」に日本が参加できる「法的根拠」を明確にする必要があるとの観点から、憲法第九条改正に意欲的であることは、明白である。

しかし、物事には、優先順位というものがある。小沢一郎が現在、最優先に置いているのは、「二大政党政治の実現」であり、そのための「政権交代」である。憲法改正は、「急ぐ必要はない」と考えている。

だが、政権を獲得するには、眼前の緊急課題に取り組まなくてはならない。それは、「格差社会の是正」であり、国民の「所得保障」である。なかんずく、高齢者の所得「年金」に不安を与えてはならない。この政策を遺漏なく実行できなければ、国民から「信」を得ることはできず、政権交代など夢のまた夢となってしまうのは、目に見えている。これが小沢一郎が、「生活維新」を唱える所以である。

おわりに——政権交代はなるか

小沢一郎の「政権交代戦略」が大団円を目前にして、政界再編の芽が吹き始めている。自民党内で安倍晋三首相の「戦後レジーム脱却路線」に批判的な勢力が、「反安倍色」を濃厚にしてきている。

その一例が、自民党の旧宏池会の流れをくむ加藤紘一元幹事長、古賀誠元幹事長、堀内光雄元総務会長らが平成十九（二〇〇七）年四月十二日夜、東京都内の日本料理屋に集まり、会談したことである。二〇〇〇年一一月二十一日の「加藤の乱」から六年半ぶりに、加藤氏が呼びかけて初めて顔合わせした。

加藤が「あの時は悪かった。ご迷惑かけました」と詫び、古賀、堀内両氏は「そんなことはお互いに経験ですよ。今後、若い人にも声をかけてやっていきましょう」と笑顔で返し歓談。吉田茂元首相、池田勇人元首相以来、「旧宏池会」伝統の「平和外交路線」で結束し、今後随時会合を開き、意見交換していくことを決めたという。

小沢一郎はこの動きに強い関心を示している。小沢の父・佐重喜（第二次吉田内閣の運輸相、第五次吉田内閣の建設相）と加藤の父・精三は、藤山愛一郎外相率いる藤山派に所属し親密な間柄だった関係であり、小沢と加藤はお互いに代議士の息子として学生時代の遊び仲間だった。

加藤サイドから、これまで何度か、「加藤政権づくりに力を貸して欲しい」と打診されてきた経緯があり、小沢一郎は側近で「軍師」でもある平野貞夫元参議院議員に「面倒を見てやるように」と指示していた。だが、平野が衆議院事務局時代、秘書官として仕えた前尾繁三郎衆議院議長が、「宏池会」の派閥領袖の座を大平正芳氏（後の首相）のクーデターで引きずり降ろされた過去が、未だに和解できていない。そのうえ平野は、東大法学部卒の外交官臭が残る加藤氏の「エリート気取り」が鼻持ちならず、反りが合わないままでいる。

しかし、小沢の目には、「吉田茂、藤山愛一郎」の流れを汲む「旧宏池会」が、「岸信介、福田赳夫」直系の安倍政権下の自民党にいるのが、不自然に映っている。加藤は安倍首相が「戦前回帰」するかのような「右より路線」を強めているのを厳しく批判。衆議院特別委員会で「国民投票法案」を採決するなど強引に憲法改正に誘導しようとしていることにも「やりすぎだ」と安倍首相への反発を強めている。思想的・政策的に共鳴できる旧宏池会を一つにまとめることができれば、政界再編の芽が出てくる。

しかし、一方、民主党内の保守グループや新左翼グループは、小沢一郎の「容共路線」を「軒を貸して母屋を乗っ取られないか」と危惧している。沖縄県知事選挙（平成十八年十一月十九日）に続いて、参議院「沖縄選挙区」の補欠選挙（平成十九年四月二十二日）でも共産党と手を組み、さらに社民党、国民新党のほかに「共産党」を加えて、七月二十九日の参議院議員選挙につなげて行こうとしているからだ。

小沢は、「軍師」である平野貞夫の助言を受け入れて、沖縄知事選挙では共産党を仲間に入れた。平野は法政大学入学以前からの共産党シンパを自認している。だが、保守グループや枝野幸男衆議院議員ら新左翼グループは「共産党嫌いの国民からソッポを向けられたら、政権は取れない。共産党はアキレス腱だ」と警戒しており、政権取りに向けての路線は、必ずしも一枚岩ではない。

政権交代の成否は、小沢一郎が次期総選挙で自民・公明与党を過半数割れに追い込めるかどうかの「ただ一点」にかかっている。そのために、あらゆる条件や要素を「勝利」に向けて総動員しなくてはならない。民主党内で派閥抗争などエネルギーを消耗させる以外に何の意味もない「不毛な争い」を繰り返している暇はないのである。

日本において、「腐敗した政権」を倒し、「政権交代」が可能な政治風土を築けるかどうかは、ひとえに小沢一郎の「剛腕」にかかっている。小沢一郎がリーダーシップを発揮して、どのように民主党を一つにまとめ、しかも自民党内で生まれつつある「政界再編の芽」を活かすことができるかどうかに国民の多くが、注目しているのである。

「戦いは平押しでは勝てない」

これは、「戦（いくさ）」の鉄則であり、常道である。もっと詳しくは「戦勝の要は、要点に集中発揮せしむるにあり」（作戦要務令）という言い方で表される。勝つためには、決勝点にできるだけ大きな力を集中指向しなければならないのである。これを小沢一郎は、

「目標、ただ一点、政権交代を図る」

と言ったのである。

「政権交代」を図るには、衆議院で「民主党単独」か、「野党連立」で、過半数の議席を獲得するしか道はない。民主主義のルールであるからである。

日本国憲法は、「衆議院の予算先議、予算議決に関する衆議院の優越」（第六十条）「条約の承認に関する衆議院の優越」（第六十一条）「内閣総理大臣の指名、衆議院の優越」（第六十七条）を定めている。

このなかでも「内閣総理大臣の指名、衆議院の優越」条項が、政権樹立に決定的な要素となる。「政権交代を図る」には、どうしても衆議院において過半数を獲得することが絶対条件となる。

そこで小沢一郎は、総選挙の前に訪れる参議院議員選挙に勝ち、この勢いに乗って、有形無形の各種戦闘要素を総合して、政権与党（自民・公明党）に勝る威力を次の総選挙という「ただ一点」に集中し、一気呵成に勝利して「政権奪取を図る」という「二段構え」で臨んできたのである。小沢一郎が、平成十九年（二〇〇七）年七月の参議院議員選挙を前哨戦として重視

して、自ら全国行脚までしてきたのは、このためであった。

「戦力を一点に集中する」という必勝戦術が成功するには、「敵の最も弱いところ」を狙い、「絶好のタイミング」で「集中攻撃」して「中央突破」しなければならない。

小沢一郎は、「与党の最大の弱点」を小泉前首相が強引に断行した「構造改革」の副作用によって発生した後遺症にあると見抜いた。それが、国民間の所得格差、企業間格差、地域格差などの「格差」であった。小沢一郎は、「格差解消」に取り組む民主党の旗印を「生活維新」という言葉で象徴したのである。

安倍首相が、「美しい国づくり」と「戦後レジーム（体制）からの脱却」というキャッチフレーズを掲げて、「国民投票法」を成立させ、「憲法改正」を政治日程に乗せ、これを争点にして参議院議員選挙に臨もうとしたのとは、対照的であった。

しかし、「格差解消」をめざす「生活維新」といっても、まだ抽象的である。小沢一郎が「政治とは生活のことである」と日ごろから提唱している立場上、もっと国民生活の視点に立ち、具体的で切実な問題に絞り込む必要がある。

民主党は政策を徹底研究し、さらに綿密な調査を経て、与党の最大の弱点を見つけたのである。それが、「社会保険庁の年金保険料納付記載漏れ」という大問題である。

民主党の長妻昭衆議院議員が、日経ビジネス記者のときから磨き上げてきた取材経験を活かし、平成十八（二〇〇六）年六月ごろからコツコツと地道な調査を積み上げ、政府を追及していたテーマだった。

柳沢伯夫厚生労働相も「五〇〇〇万人」の「年金保険料納付記載漏れ」をついに認めざるを得なくなり、安倍政権は、国民批判を浴びて内閣支持率が危険水域の三〇%を割り込み、二八・八%（時事通信社調べ）に急落、政権自体が根底から揺らぎ始めた。

小沢一郎が、参議院議員選挙に勝ち、与野党が逆転という事態が起きると、政権は、まさに「死に体」となる。衆議院で予算案が成立しても、「形影伴う」関係にある予算関連法案が参議院で成立しなくなる。

憲法第五十九条第二項は、「衆議院で可決し、参議院でこれと異なった議決をした法律案は衆議院で出席議員の三分の二以上の多数で再び可決したときは、法律となる」と規定している。これに対して、与党は現在、衆議院において、三分の二以上の勢力を有しているので、参議院で否決されても、衆議院で再び可決成立させることはできる。

それでも、大変煩わしい議会運営を強いられ、政局も不安定になる。小沢一郎が「政権取り」の参議院議員選挙を「前哨戦」と位置付けて、「必勝」を期そうとしているのは、このためである。

小沢一郎の戦略が成功するか否かを見定めるポイントとして、しっかり押さえておかなければならないのが、「国会の勢力分野」である。平成十九（二〇〇七）年六月十八日現在、以下の通りである。

【衆議院（定数四八〇）】〔過半数は二四一、三分の二（憲法九十六条条項）は三二〇〕
自民党三〇五（過半数を六四議席上回る）▽民主党　一一二（過半数に一二九議席不足）▽公明党　三一▽日本共産党　九▽社会民主党　七▽国民新党・日本・無所属の会　六▽無所属八▽欠員　二

改めて言うまでもなく、これは、小泉前首相が「郵政民営化関連法案の賛否を問う」ために平成十七（二〇〇五）年九月十一日に断行した総選挙の結果である。

【参議院（定数二四二）】〔過半数は一二二、三分の二（憲法九十六条条項）は一六二〕
自民党　一〇九（過半数に一三議席不足）▽民主党　八三（過半数に三九議席不足）▽公明党　二四▽日本共産党　九▽社会　六▽国民新党　四▽各派に属しない議員　五▽欠員　二

参議院は、平成元（一九八九）年七月の参議院議員選挙以来、十九年間も自民党の過半数割れが続いており、現在は、公明党との連立により、わずか二四議席を加えて、過半数を確保している。衆議院で圧倒的多数を得ている自民党は、この二四議席を得たいがために連立を組んでいるとも言える。

平成十九（二〇〇七）七月二十九日の参議院議員選挙では、半数が改選されるので、改選定数は一二一（選挙区七三、比例代表四八）である。このうち、自民党の改選数は六四（議長を含む）、非改選数は四六。公明党の改選数は一二、非改選数は一一。与党（自民・公明）は、非改選数は五七（自民四六、公明一一）。過半数は一二二なので、与党が過半数を突破するには、ギリギリ「六五議席」を獲得しなければならない。

これを民主党はじめ野党側から見れば、与党に「六五議席」を獲得させなければよいということになる。与野党逆転は、自民党の改選数六四を前回獲得の四九以下に押さえ込むことによって可能となる。ごく少数の議席の取り合いで勝負が決まる。それは、まるで太平洋戦争末期の硫黄島における日米両軍激戦の地「擂鉢山」の争奪戦に似ている。

平成十九（二〇〇七）七月二十九日の参議院議員選挙の結果については、フタを開けてみないとわからないことではあるが、政治情勢が、三年前よりも与党にとって必ずしも、良好ではなく、逆風が吹いている状況を勘案すれば、一応、三年前の結果を参考にするしかない。

平成十六（二〇〇四）七月十一日投票の参議院議員選挙で自民党は、四九（選挙区三四、比例代表一五）公明党は、一一（選挙区三、比例代表八）、与党合計六〇議席を獲得し、非改選七九（自民六六、公明一三）と合わせて一三九議席となり、過半数を一七議席上回ることができた。

公明党が前回と同様に、一一議席（選挙区三、比例代表八）獲得できるとすれば、自民党は、五四議席獲得しなければならない。比例代表が前回と同様に、一五議席獲得できれば、選挙区では、三九議席獲得が必要となる。

全国四七都道府県の選挙区のうち、「一人区」は二九。「複数区」は、一八。「複数区」の各区において、自民党が少なくとも一人は確保でき計一八とすれば、「一人区」で、二一議席を確保する必要がある。小沢一郎が、この「一人区によって勝敗が決まる」と判断して、全国行脚のなかでも、自民党支持基盤であった農村部の多い「一人区」にとくに戦力を集中している所以である。加えて、民主党は、東京、千葉、埼玉、神奈川、愛知の五つの選挙区に、それぞれ二人擁立させるので、どうしても「共倒れ」は避けなくてはならない。かたや自民、公明両党のいずれもが、壊滅する可能性もある。

ちなみに、前回の平成十六（二〇〇四）年七月の参議院議員選挙では、自民党が選挙区で、一九六八万七九五四票（得票率三五・〇九％）、民主党が二一九三万一九八四票（同三九・〇九％）、比例代表で、自民党が一六七九万七六八七票（同三〇・〇三％）、民主党が二一一三万七四五八票（同三七・七九％）で、民主党が第一党になっている。また、平成十九年四月の統一地方選挙では、民主党の党勢拡大が顕著だった。

小沢一郎は、参議院議員選挙に勝って、総選挙にも勝ち進んでいけば、「一点突破、全面展開」の大きな道が開かれて、宿願の「政権交代」にたどり着ける。

しかし、小沢一郎が「政権交代を図る戦い」に勝利するか否かは、国民・有権者が最終的に判断し、投票によって決める。言い換えれば、小沢一郎の勝敗は、「国民・有権者の胸中にある」ということである。

その判断基準は、小沢一郎がこれからの日本をどんな国にしようとしているかのまさに「ただ一点」にある。大多数の国民・有権者が賛同すれば、小沢一郎は勝ち、賛同者が少なければ負ける。その勝算を高め、確実にするのは、ひとえに小沢一郎の国民・有権者に対する説得力、交渉力による。

したがって、国民・有権者自身もその判断をする前に、人類初の超高齢社会（六十五歳以上人口が現在、約二六〇〇万人が三〇〇〇万人になる）とＩＴ社会建設が同時進行している「モデルなき日本の進路」についてよく見通し、「どんな日本にしたいか」を明確に構想し、そのうえで投票に臨むべきである。政権を選び、つくるのは、どこまでも国民・有権者自身であり、プロの政治家だけではないということを忘れてはならない。それほど国民・有権者の責任と義務は重いのである。

最後になってしまったが、本書を執筆するに当り、データ収集は全国マスコミ研究会代表の海野美佳さんから協力を得た。お礼申し上げる。

本書の制作・発刊に際し、陰になり日なたになりお世話いただいた共栄書房代表の平田勝氏と編集担当の近藤志乃さんに心より深く感謝の意を表したい。

平成十九年六月二十二日

板垣英憲

資料　小沢一郎の足跡メモ

○昭和四十四年（一九六九）十二月二十九日、第三十二回総選挙（旧岩手二区・自由民主党公認）当選、二十七歳。この総選挙を党幹事長として指揮した田中角栄率いる「木曜クラブ（田中派）」に所属。
○昭和四十七年（一九七二）十二月十日、第三十三回総選挙（旧岩手二区・自民党公認）二期目当選。
○昭和五十一年（一九七六）十二月五日、第三十四回総選挙（旧岩手二区・自民党公認）三期目当選。
○昭和五十四年（一九七九）十月七日、第三十五回総選挙（旧岩手二区・自民党公認）四期目当選。
○昭和五十五年（一九八〇）六月二十二日、初の衆参同日選挙（第三十六回総選挙、旧岩手二区・自民党公認）五期目当選。
○昭和五十八年（一九八三）十二月十八日、第三十七回総選挙（旧岩手二区・自民党公認）六期目当選。衆議院議院運営委員長就任。
○昭和五十八年（一九八三）十二月衆議院議院運営委員長を就任。
○昭和六十年（一九八五）十二月二十八日、第二次中曽根内閣第二次改造内閣で自治大臣（第三十四代）・国家公安委員長（第四十四代）に就任。

○昭和六十二年（一九八七）十一月六日発足の竹下内閣の内閣官房副長官に就任。党・政府の要職を歴任し、「竹下派七奉行」の一人に。
○昭和六十一年（一九八六）七月六日、衆参同実選挙（第三十八回総選挙、旧岩手二区・自民党公認）七期目当選。
○平成元年（一九八九）八月九日、第一次海部俊樹内閣の下で自民党幹事長に就任。
○平成二年（一九九〇）二月十八日、第三十九回総選挙（旧岩手二区・自民党公認）八期目当選。「自由主義体制の維持」を名目に経済団体連合会（経団連）傘下の企業から選挙資金三百億円を集め、自民党を勝利に導いた実績から「豪腕」と称される。
○平成三年（一九九一）一月二十日に始まった湾岸戦争に関連し、国会で公明党の協力を得るため、東京都知事選挙で自民党都連が推す現職に代わり新人を擁立、敗北し党幹事長を辞任、直後に経世会会長代行に就任。名実ともに派閥のナンバー2となり、姻戚関係である竹下、金丸とともに「金竹小（こんちくしょう）」と称される。
○金丸は小沢に派閥を譲ろうと企図、竹下との確執を深める。
○平成四年（一九九二）八月二十八日、東京佐川急便事件をめぐり金丸が派閥会長を辞任、議員辞職。
○後継会長に小沢は竹下派七奉行のうち金丸に近かった渡部恒三、奥田敬和らとともに羽田孜を擁立、竹下直系の小渕恵三を推す橋本龍太郎、梶山静六らと対立。竹下と参院竹下派が小渕支持を決定し、後継会長は小渕に内定。政争に敗れた小沢は羽田、渡部、奥田らと改革フォーラム21（羽田・小沢派）を旗揚げし、派閥は分裂。
○宮沢喜一改造内閣で羽田・小沢派の閣僚ポストは、経済企画庁長官（船田元）と科学技術庁長官（中島衛）の二つで冷遇。小渕派の梶山が自民党幹事長に就任、羽田・小沢派は反主流派に転落。小沢は「政治改革」を主張、自らを「改革派」と呼び、主流派に「守旧派」のレッテルを貼る。
○平成五年（一九九三）六月二十三日、自民党離党、新生党結成、党代表幹事就任。
○同年七月十八日、第四十回総選挙（旧岩手二区・新生党公認）九期目当選。
○この総選挙で自民党は過半数割れ、新生党、日本新党、新党さきがけの三新党は躍進。宮沢は内閣総辞職を表明、自民党総裁に河野洋平が選出。
○同年八月九日成立の細川政権下で小沢は、「連立与党代表者会議」を開き、公明党書記長の市川雄一とともに政権の主導権を握ろうとし、武村正義官房長官と激しく対立。
○細川は平成六年（一九九四）二月三日未明、突如、小沢と大蔵省事務次官の斎藤次郎を中心に決定した「国民福祉税」（消費税廃止、福祉目的税七％）創設構想を発表し、世論の激しい反発と社会、さきがけ、民社各党の批判に合い、翌日、白紙撤回。武村は公然「国民福祉税構想は事前に聞いていない」と発言、小沢との対立が先鋭化。
○細川は同年四月八日、突然辞意を表明。
○小沢は渡辺美智雄との提携を企図するも、渡辺が自民党離党を決断できず頓挫、連立与党は羽田の後継首班に合意。首班指名に先立ち、平成六年（一九九四）四月二十五日、新生党、日本新党、民社党などが社会党を除く形で統一会派「改新」を結成したため、社会党が反発。
○四月二十六日、社会党が連立政権離脱を発表。
○羽田内閣が四月二十八日、少数与党内閣として成立。このころから小沢と羽田の関係に微妙な影が差し始める。
○平成六年度予算を成立後、自民党が羽田内閣不信任案を衆院に提出。羽田は解散総選挙を断念し、六月二十五日に内閣総辞職を選択。羽田内閣は在任期間六十四日、戦後二番目の短命政権に終わる。
○野党転落、小沢は羽田の後継として海部俊樹に狙いを定める。
○海部は自民党が平成六年（一九九四）六月二十九日、首班指名選挙で社会党委員長の村山富市に投票する方針を示したため、離党し「自由改革連合」を結成、連立与党の首班候補となるも、決選投票の結果、二百六十一対二百十四で村山に敗れる。九月二十八日、日本共産党を除く野党各党百八十七人が集まり、衆院会派「改革」の結成。同日、衆議院議員百八十六人、参議院議員三十九人、計二百二十五人の国会議員による「新党準備会」が正式に発足し、新党準備実行委員長に小沢が選出される。
○平成六年（一九九四）十二月九日、新生党解散。同月十日、新進党結成、党幹事長就任。
○小沢を中心に新・新党結成が準備され、同年十二月十日に新進党結成大会開催。小沢は党首に海部を擁立し、自らは党幹事長に就任。平成七年（一九九五）七月、第十七回参院選では、改選議席十九議席を大幅に上回る四十議席を獲得し躍進。
○平成七年（一九九五）十二月二十七日行われた党首選挙では、羽田・細川らが「小沢外し」に動き、長年の盟友・羽田と激突。小沢は羽田を破り、第二代党首に選出。

○平成八年（一九九六）十月月二十一日、第四十一回総選挙（岩手四区・新進党公認）十期目当選。新進党は小沢の党党首選での主張を党公約「国民との五つの契約」として消費税率の三％据え置き、十八兆円減税を公約したものの、改選前の百六十議席を四議席減らして百五十六議席を獲得、事実上敗北、離党者が続出。羽田孜や細川護熙らは非主流派を構成し、同年十二月二十六日、羽田、奥田敬和ら衆参議員一三名は新進党を離党、太陽党を結成。

○平成九年（一九九七）、小沢は自民党（当時）の亀井静香らと提携する、いわゆる「保保連合」路線に大きく舵を切る。

○新進党内には、保保連合路線に対し二大政党制を志向する反対勢力も顕在化、鹿野道彦は政策研究会「改革会議」を結成。小沢は同年十二月十八日の党首選挙で鹿野を破り再選。党首選に先立ち公明が次期参院選を独自で闘う方針を決定し、新進党離れが加速。

○党首に再選された小沢は、純化路線を取り、新進党内の旧公明党グループ・公友会、旧民社党グループ・民友会にそれぞれ解散を要求。

○十二月二十五日に小沢は旧公明党の参院議員を分党し公明に合流させるとし、新進党の解党と新党の結成を発表。新進党内は蜂の巣をつついたような混乱に陥り、解党を決定した両院議員総会は、混沌の内に終わる。

○同月二十七日、新進党解散、分裂。

○平成十年（一九九八）一月六日、自由党を結成、小沢は党首に就任。当初、衆院議員四二名、参院議員十二名の計五十四名が参加。野党第一党の座を民主党に譲り渡す。
○同年七月十二日の第十八回参院選で小沢人気もあり比例代表五百十四万票、合計六議席を獲得し善戦。参院選後の臨時国会では、首班指名に民主党代表の菅直人を野党統一候補に臨み、参院では自民党の小渕恵三を抑え菅が指名。
○同年十月、小沢は内閣官房長官の野中広務と会談、連立交渉を開始。
○紆余曲折を経て十一月十九日、小渕首相との間で自自連立政権について合意。
○平成十一年（一九九九）一月十四日、正式に自自連立政権が成立、党幹事長の野田毅が自治大臣として入閣、小沢は五年ぶりに与党へ復帰。議員定数五十削減、閣僚ポストの削減、および政府委員制度の廃止と国会改革が連立の主な成果となる。
○同年七月、公明党が政権に参画、自自公連立政権が成立。
○自民、公明両党で参院の過半数を抑え、政権内部での自由党の存在感は低下。自自両党の選挙協力も遅々として進まず、小沢は小渕に対して自自両党の解散、新しい保守政党の結成を要求、小渕が応じず、平成十二年（二〇〇〇）四月一日、連立を解消。直後、小渕は脳梗塞に倒れる。
○自由党は、小沢を支持する連立離脱派と野田毅、二階俊博などの連立残留派に分裂し、残留派は保守党を結成。自由党の勢力は、衆議院議員十八名、参議院議員四名、計二十二名に半減。
○分裂直後に行われた平成十二年（二〇〇〇）六月二十五日の第四十二回総選挙（岩手四区・自由党公認）

十一期目当選。約二十億円投じたとされるテレビCM（小沢が顔を殴られる）は話題になり比例代表で約六百六十万票を獲得、現有議席を上回る二十二議席を獲得し善戦。

○平成十三年（二〇〇一年）一月、将来の指導者育成を目指し、党内に小沢一郎政治塾（小沢塾）を開設。同年七月二十九日の第十九回参院選では小泉ブームで自民に追い風が吹くが、僅差で勝利し面目を保つ。議席数は前回と同じ六を維持したものの、自由党の比例代表は約四百二十万票にとどまる。

○平成十四年（二〇〇二）、民主党代表の鳩山由紀夫は、党内の求心力を強化するため野党結集の必要性を痛感。小沢も自由党で選挙を戦うには限界を感じていた小沢に接近、二人の思惑が一致。

○鳩山は民主党と自由党の合併に向けた協議を行うことを発表するが、党内調整が不十分だったため、求心力を失い、代表辞任。党代表に再び選出された菅直人は鳩山路線を引き継いで民由合併を促進、菅と小沢の間で合併は党名・綱領・役員は民主党の現体制の維持と言うことで合意が成立。

○平成十五年（二〇〇三）九月二十六日、自由党は民主党と正式に合併し、小沢は党代表代行に就任。

○「小沢塾」は民主党との合併後、小沢個人の私塾として運営。

○同年十一月九日の第四十三回総選挙（岩手四区・民主党公認）十二期目当選。民主党は公示前議席よりも四十議席増の百七十七議席を獲得。

○民主党代表代行。

○小沢は旧社会党系の横路孝弘と提携する。

○平成十六年（二〇〇四）五月、年金未納問題による混乱の責任を取り党代表を辞任した菅直人の後継代表に内定直後、小沢自身も昭和六十一年（一九八六）以前に未加入だったとして代表就任を辞退。
○党幹事長の岡田克也が代表に就任。
○平成十六年（二〇〇四）七月十一日、第二十回参院選では政府与党の年金法案が争点となり、それに反対した民主党に追い風が吹き、選挙区と比例代表合わせて五十議席を獲得し、改選議席数で自民党（四十九議席）を上回る勝利。
○小沢は参院選後、岡田の要請により党副代表に就任。
○平成十七年（二〇〇五）九月十一日、郵政民営化の是非を争点にした第四十四回衆議院議員総選挙（岩手四区・民主党公認）十三期目当選。民主党は、郵政民営化に対する対立軸を示せなかったため惨敗。岡田が党代表の辞意を表明。小沢の片腕・藤井裕久も落選・引退。
○党代表に前原誠司が選出、小沢は党代表に次ぐポストである党代表代行就任を依頼されたが、岡田執行部の党副代表として総選挙惨敗の責任の一端を背負い固辞。
○平成十八年（二〇〇六）三月三十一日に前原誠司がいわゆる「堀江メール問題」の責任をとる形で党代表辞任を表明。
○小沢は「先頭に立って党を再生して政権交代の狼煙を上げる決意」と記者会見で述べ、後継代表に重い腰を上げる。
○同年四月七日に行われた民主党代表選で菅直人を破り、党代表（第六代）に選出。党内外に挙党一致体制をアピールするため、菅を党代表代行・鳩山由紀夫を党幹事長にするトロイカ体制を敷き、前執行部と、その次の内閣を全員残留させる。四月二十三日の衆議院千葉七区補欠選挙では、僅差ながら勝利し、「選挙に強い」という小沢神話が復活。
○同年九月十二日、無投票で民主党代表に再選。
○ネクスト総理大臣、岩手県総支部連合会最高顧問。
○衆議院国家基本政策委員会委員。
○趣味は、釣り、囲碁など。また熱心な漫画愛好家で、自宅には漫画専用の本棚。「胡錦鳥」と言う小鳥を四十〜五十羽、柴犬「ちび」が十九歳と高齢なため今は散歩はできない。平成十八年（二〇〇六）の衆議院補選でCMに柴犬の「もも」を起用。補選で「もも」は愛犬「ちび」によく似ている。愛煙家であったが、平成三年（一九九一）に発症した心臓疾患（狭心症）のため、健康に気を遣い始め現在はタバコは吸っていない。信条は「去る者は追わず、来る者は拒まず」。

板垣英憲（いたがき・えいけん）

昭和21年8月7日、広島県呉市生れ。中央大学法学部卒業。海上自衛隊幹部候補生学校を経て、昭和47年10月、毎日新聞東京本社入社。社会部、浦和支局、政治部（首相官邸、福田赳夫首相、大平正芳首相番記者、安倍晋太郎官房長官、森喜朗官房副長官番記者、文部・厚生・建設・労働各省、参議院、自民党などを担当）、経済部（通産省、東京証券取引所、公正取引委員会、建設省担当）。昭和60年6月、政治評論家として独立。

主な著書に、『族の研究』（経済界）『自民党選挙の秘密』（三一書房）『自民党森喜朗幹事長が打つ景気政策』（ジャパンミックス）『国際金融資本の罠に嵌まった日本』（日本文芸社）『後藤田正晴　男の美学』（近代文芸社）『東京地検特捜部　鬼検事たちの秋霜烈日』（同文書院）『小泉純一郎　恐れずひるまずとらわれず』（ＫＫベストセラーズ）『ブッシュの陰謀』（ＫＫベストセラーズ）『石原慎太郎の日本を救う決断』（青春出版）『戦国自民党50年史』（花伝社）など110冊。

現在、中央大学「学員会」「南甲倶楽部」「真法会」各会員。財団法人「水交会」会員。

http://www.a-eiken.com

政権交代——小沢一郎　最後の戦い

2007年7月12日　初版第1刷発行

著者——板垣英憲
発売——共栄書房
〒101-0065　東京都千代田区西神田2-7-6 川合ビル
電話　03-3234-6948
FAX　03-3239-8272
振替　00130-4-118277
装幀——テラカワアキヒロ
印刷・製本－中央精版印刷株式会社

ISBN978-4-7634-1033-7 C0031